Practice Guidance for Tourism Projects
Investment, Development & Operation

旅游产业项目实务

投资 / 开发 / 运营

王丽华　主编

旅游教育出版社
·北京·

策　　划：赖春梅
责任编辑：赖春梅

图书在版编目（CIP）数据

旅游产业项目实务：投资·开发·运营／王丽华主编. --北京：旅游教育出版社，2019.3
ISBN 978-7-5637-3896-0

Ⅰ.①旅… Ⅱ.①王… Ⅲ.①旅游业－项目管理－研究 Ⅳ.①F590.1

中国版本图书馆CIP数据核字（2019）第032314号

旅游产业项目实务：投资·开发·运营

王丽华　主编

出版单位	旅游教育出版社
地　　址	北京市朝阳区定福庄南里1号
邮　　编	100024
发行电话	（010）65778403 65728372 65767462（传真）
本社网址	www.tepcb.com
E-mai	tepfx@163.com
印刷单位	天津雅泽印刷有限公司
经销单位	新华书店
开　　本	710毫米×1000毫米 1/16
印　　张	13.25
字　　数	180千字
版　　次	2019年3月第1版
印　　次	2019年3月第1次印刷
定　　价	56.00元

（图书如有装订差错请与发行部联系）

前言
Preface

旅游，古已有之。千年以下，万里之外；旅者在途，游者有方。千百年来，旅游已被人类赋予无穷无尽、无所不包的内涵和外延。旅游，是动态中的“衣”、“食”、“住”、“行”，是融会各行各业的集大成者；旅游，是“千里之行，始于足下”的开端和肇始，也是“行到水穷处，坐看云起时”的目标和终点，更是“千里江陵一日还”的往复与回归；旅游，是时间和空间的交织，是历史和地理的汇合，是“世界那么大，我想去看看”的梦想和期许，也是“读万卷书，行万里路”的知行合一；旅游，是先秦诸子的列国周游，是古丝绸之路的商旅往来，是大唐东渡西游的宗教游历，也是郑和下西洋的海外航行。自古以来，传承至今，旅游已成为上至国策大局、下至平民生活的不可或缺的重要部分。

今日之旅游产业，已非简单而狭义的山水游玩、河川游历可概括。旅游产业以其天然的黏合属性和外延宽度，注定必将与现代生活中大大小小、或远或近的行业和产业相互融合、交互作用，进而衍生和演化出各式各样的新产品、新模式和新类型，逐渐形成更为丰富而广义上的“大旅游”（或称“旅游+”）产业。在新时代的大环境下，旅游产业已然渗透进了三大产业的方方面面，与各行各业中最具有活力和生机的元素相互契合，发生着或大或小的化学反应，从而呈现出该行业前所未有的多样性和复杂性。

面对机遇和风险并存的整个大旅游产业，我们需要有相对应的宏观层面上的法律法规及产业政策的规范和指引，也需要在微观层面对于具体的旅游产业、旅游行业及旅游产品，以及与其相互关联和不断融合的其他产业和行业，有着更为清晰的认知和把握，并且需要具体细化到实践中不同类型的旅游项目在开发、融资、建造、运营及退出等各个阶段和环节需要重点关注的各种具体问题。本书即旨在从“大旅游”的这一新语境出发，在向读者介绍日新月异的旅游产业和旅游项目现状的同时，以实践者的透视视角，为读者理清脉络，切中肯綮，梳理出大旅游产业在不同发展阶段的要点和重点，并力图顺承脉络一探大旅游产业的发展趋势、规律和去向。如有一二能对读者有所裨益或稍有启发，即合本书初旨。

总而言之，旅游就是移动着的生活本身，更是需要我们直接应对的不断变化着的社会本身。旅游，我们一直在路上。

目录

Contents

第四编　旅游产业项目投资的退出

编委会

Editorial Board

第一编

旅游产业的大环境

第一章　中国旅游产业的发展现状

随着中国旅游产业的蓬勃发展和逐步的规范成熟，旅游已不再仅局限在旅行和游玩的浅显概念中。旅游产业已经成为推动我国经济发展和社会前进的战略支柱性和综合性产业。旅游产业自身及其周边相关产业为我们发现和发展新的经济增长点提供了新的思路和契机。本章我们将结合中国目前旅游业的发展现状，对旅游产业、“旅游+”等相关概念及其经济价值和社会价值进行介绍。

第一节　中国旅游业现状

近年来，我国的旅游经济快速增长，产业格局日趋完善，旅游业的市场规模和品质同步提升。改革开放以来短短几十年，我国已实现了从旅游短缺型国家到旅游大国的历史性大跨越。旅游业已全面融入了国家战略体系中，走在了国民经济发展建设道路的前沿。作为发展经济、增加就业和满足人民日益增长的美好生活需要和提高人民生活水平的重要有效手段，旅游业已成为我国国民经济的战略性支柱型产业。

回望2017年，我国旅游市场依旧形势一片大好：我国年人均出游次数已达3.7次，国内旅游、入境旅游、出境旅游全面繁荣发展，已经成为世界第一大出境旅游客源国和全球前四大入境旅游接待国。随着我国全面建成小康社会计划的深入推进，我国城乡居民的收入稳步增长，消费结构也在加速升级，人民群众健康水平大幅提升，基础设施条件不断改善，航空、高铁、动车、高速公路等交通设施快速发展。相应地，大众旅游消费便持续快速增长，人们的旅游消费需求得到了快速释放。这些都为中国旅游产业的迅速发展奠定了良好而坚实的基础。旅游已经成为人们衡量生活水平的重要指标，成为人民群众日常生活的刚性需求，也成为传播和交流中华文化、沟通全国乃至世界各地经济和文化的重要渠道，也成为推动生态文明建设的重要力量，并且带动了我国大量贫困和欠发达地区和人口的脱贫与致富。总之，旅游产业已经成为中国社会投资和消费的热点和综合性大产业。

2018年2月，中华人民共和国文化和旅游部（由原文化部和原国家旅游局于2018年初合并组成）发布了《2017年全年旅游市场及综合贡献数据报告》①（以下简称《2017年数据报告》）。该报告指出，2017年，中国国内旅游市场高速增长，出入境市场平稳发展，"供给侧"结构性改革成效明显。国内旅游人数50.01亿人次，比上一年同期增长12.8%；出入境旅游总人数2.7亿人次，同比增长3.7%；全年实现旅游总收入5.40万亿元，增长15.1%。初步测算，全年全国旅游业对GDP（即国内生产总值）的综合贡献为9.13万亿元，占GDP总量的11.04%。旅游直接就业2825万人，旅游直接和间接就业7990万人，占全国就业总人口的10.28%。下图是2017年国内旅游人数及收入较上一年的增长比例图示。

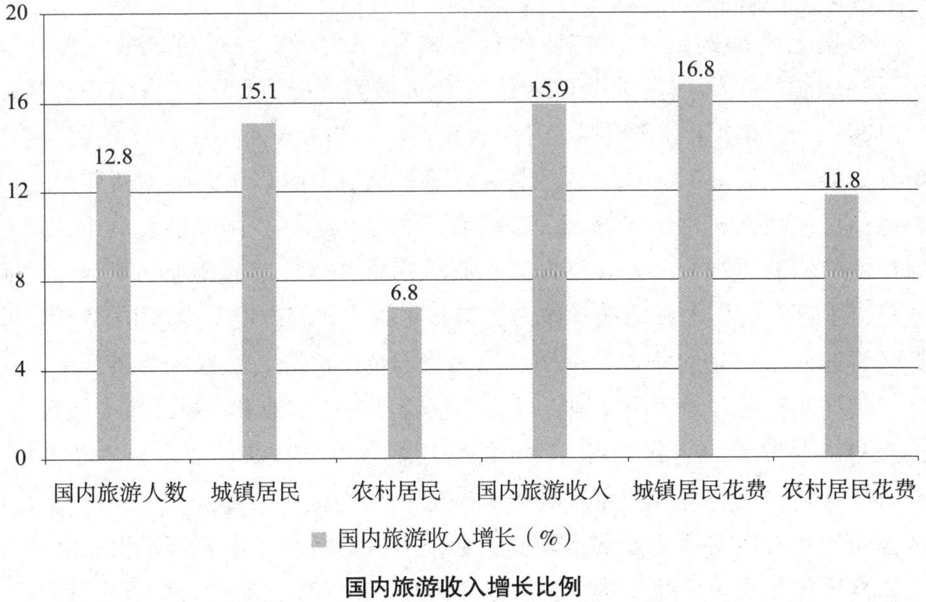

国内旅游收入增长比例

① 中华人民共和国文化和旅游部官网．http://www.cnta.gov.cn/zwgk/lysj/201802/t20180206_855832.shtml．

另外，根据原国家旅游局于2018年初发布的《旅游服务贸易继续顺差》文章[①]，近五年我国国际旅游收支一直保持顺差，但顺差额呈阶段性收窄趋势。初步测算2014年至2017年我国旅游服务贸易支出分别约为896.4亿美元（2014年）、1045亿美元（2015年）、1098亿美元（2016年）和1152.9亿美元（2017年），预计2018年支出额将达1202.5亿美元；而同期我国旅游服务贸易收入分别约为1053.8亿美元（2014年）、1136.5亿美元（2015年）、1200亿美元（2016年）和1234亿美元（2017年），预计2018年收入额将增加至1270亿美元。

我国旅游业发展正处于较为有利的国际环境之中。纵观全球，全球旅游业正在持续稳定地发展，其增速将会继续高于世界整体经济的增速，而亚太地区的旅游业继续保持了强劲的增长势头，全球旅游重心的东移也将继续加速。我国的出境旅游人数和旅游消费目前已位列世界第一位，同时我国与世界各国各地区及国际旅游组织的合作也在不断加强，与旅游业发达国家的差距明显缩小，并且在全球旅游规则制定和国际旅游事务中的话语权和影响力方面也获得了明显的提升。为积极配合国家总体外交战略，近年来我国各地纷纷举办了中美、中俄、中印、中韩旅游年等具有影响力的旅游交流活动，旅游外交工作格局已开始形成。

根据上文提到的《2017年数据报告》，"全年实现旅游总收入5.40万亿元……全年全国旅游业对GDP的综合贡献为9.13万亿元，占GDP总量的11.04%"。自2014年官方数据统计中首次使用"旅游业对GDP综合贡献"这一概念之后，旅游业对于GDP的综合贡献率一直在10%以上，且呈逐年增加的趋势。这一数据显示出我国相关部门对于旅游产业在我国经济发展中的重要地位的肯定和重视，并寄托了越来越高的期望，这也对旅游业的更快速的发展提出了更高的要求和标准。作为名副其实的"朝阳产业"，我国的旅游产业势必将迎来新一轮的黄金发展期。同时我们也应看到，我国的旅游产业也正处于结构调整期和矛盾凸显期，同样面临着不少的挑战和问题，主要表现在：①旅游产业发展的体制机制与对于综合产业和综合执法的要求尚不相适应，旅游产业的政策环境和法制环境尚有待进一步优化；②旅游基础设施和公共服务明显还有所滞后且发展不均衡，弥补短板的任务还是相当艰巨；③游客文明素质和从业人员的整体素质仍有待提升，市场秩序有待规范和正确引导；

① 中华人民共和国文化和旅游部官网．http://www.cnta.gov.cn/zwgk/lysj/201802/t20180205_855765.shtml．

④旅游地产等相关产业（例如特色小镇）的发展尚处于探索和粗放发展阶段等。这些问题都需要在今后加以解决和改善，为我国旅游产业的健康良性的可持续发展奠定更坚实的基础。

第二节　旅游产业的概念及价值

随着我国旅游产业的迅速发展和逐渐规范成熟，经济发展和广大人民群众迫切需要旅游的形式和内容不断发展和扩容，因此，发展和推广“旅游+”（或称“大旅游”、“全域旅游”等）这一新概念已势在必行。

首先，作为一个产业群体，旅游产业自身构成也在日趋复杂化，其内在包含的食、住、行、游览、购物、娱乐等基本要素的表现形式在当今社会的变化和发展也是日新月异。其次，旅游产业具有明显的跨产业、跨行业的综合特点，其所涉及的或与其相关联的产业和行业基本包含了当今社会可能触及的所有各个方面，旅游与经济、社会、技术等产业和行业关联起来之后便形成了综合性的产业链条和产业体系。而且，旅游产业与关联产业之间的关系是开放式的，也是互动和综合发展的，通过协调发展旅游和相关产业，将从整体上实现“旅游+”系统整体效益的最大化，以及整个“社会——经济——生态”系统的共同协调发展。第三，我国的境内旅游产业与境外旅游业也是密不可分的。旅游产业的外向性决定了旅游产业的发展不仅要面向国内，更要面向国外，参与世界旅游市场的竞争是旅游产业发展不可缺少的内容。如上文所提及的，我国出境游和入境游的跨境游在我国旅游产业中的比重正与日俱增。中国的旅游产业在全球旅游产业中的地位和重要性也将继续提升。

鉴于“旅游+”的综合性特点及其在国民经济中日益强化的重要地位，旅游产业对于整个社会和经济发展的良性和正面的促进作用也是多方面多角度的。旅游产业与多个领域相互渗透和融合，例如经济发展、税收及财政、交通、商业地产、环境、人力资源及就业、教育和文化、科学技术、通信、市场营销、融资、公共服务和公共安全、外商投资、法律规范和保障等等，俨然已成为联系和带动社会和经济发展中各个不同产业和行业的纽带。以旅游产业为纽带，通过推动旅游业的发展，进而建立和发展壮大一定的旅游综合能力，从而实现上述各个相关领域的相互作用、相互带动和共同发展。旅游产业作为处于优势位置的朝阳产业，通过在该领域统一规划布局、优化公共服务、推进产业融合、加强综合管理、实施系统营销，将不断提升旅游业现代化、集约化、品质化、国际化水平，从而更好地满足旅游消费需求，进一步推动和促进相关产业和行业的共同发展。

在更高的层次上，旅游产业所蕴含的巨大需求，将为经济模式和科技的创新和发展创造强大的动能和推动力。旅游需求为旅游产业模式和技术的选择、开发、引导和改造指明了发展方向，同时也将大大促进经济产业机构、产业模式和产业技术的不断探索和发展。旅游产业的不断调整和创新将推进传统产业企业之间及企业内部组织结构的发展和变化，促进服务产业的集团化和专业化，形成合力的组织结构体系，实现经济生产要素的最优组合和高效利用。同时，旅游产业的经济模式和科学技术也将促进该行业的国际竞争与合作，将在更高层面上推动我国旅游产业乃至整个国民经济的发展和进步。旅游产业领域的发展，也将进一步推进我国的大众创业和万众创新，促进旅游领域及相关产业领域的创业和就业。在旅游产业的发展过程中，大小各类市场主体通过资源整合、改革重组、收购兼并、线上线下融合等方式来投资旅游业及相关产业，进而促进了旅游投资主体的多元化，以及旅游产品的规模化、品牌化和网络化经营，最终实现旅游产业和相关产业的共同协调发展。

但我们同时也应看到，我国的旅游产业仍存在着明显的发展不平衡的问题。中国幅员辽阔，旅游资源的分布及各地区发展必然存在着较大的差异。发展旅游产业，必须结合旅游资源区位的特点，在发展旅游产业和布局旅游产业时需要有重点且分层次的整体调整和规划。妥善解决了这一问题也将促进我国各地经济的持续均衡发展，挖掘出地方旅游产业更多的特别优势和亮点，有利于推进我国地区产业结构的合理化进程。与其他产业的分布有所不同，旅游产业分布既有区域性问题，也存在产业分布点、线、面如何紧密结合的问题。旅游资源的分布有着明显的独特性，不同旅游区域通过专业化分工和协调互补，结合各地所具备的不同优势和特点，形成各有优势的不同旅游产品和商业形态，进而通过资源互补、产品相关和交通便利等要素，最终均衡、全面地发展旅游产业。结合各地区旅游发展程度的区域性差异特征，旅游产业的协调布局在促进我国东南部沿海地区旅游业的持续发展的同时，也能够加快中西部地区旅游产业的崛起，进而促进各地独具优势和竞争力强的旅游产品形成系列，从而实现我国各地经济共同发展的最终目的。众多旅游产业的发展，尤其是中西部旅游的发展，还将大大推进乡村扶贫富民工程，实现贫困和欠发达地区旅游资源的整合和发展。“景区带村、能人带户”旅游扶贫模式的健全和改善，以及乡村民宿的改造提升也将促进贫困和欠发达地区的劳动力就业、人力培训指导。发展旅游业的同时，也将有助于带动农副土特产品的销售和推广，增加贫困村集体收入和贫困人口的收入，提高旅游扶贫的精准性，真正让贫困地区、贫困人口在旅游产业的发展中真正受益。由此可见，旅游产业在扶贫共富、各地区协调共同发展方面有着优势互补、相得益彰的效果和巨大的社会效益。

另外，旅游产业经济的发展也将促进法律法规、产业政策、政府配套服务的发展。旅游业是否健康发展还取决于其实施过程中是否能有相应的法律法规、体制和保障政策与之相配套。旅游产业保障政策是为保障产业政策的贯彻实施应采取的有关法律的、经济的、行政的及其他多种手段的总称。下文第三章将对我国旅游法律法规和产业政策做详细介绍和分析。

总之，旅游产业的发展将增强旅游目的地的竞争力及促进其可持续发展，进而促进旅游目的地的社会福利的最大化。旅游产业及其政策的制定和实施是一个社会发展的系统工程，对相关产业乃至整个国民经济都有协调运作和相互影响的巨大作用。

第二章　中国旅游产业的发展和趋势

与传统产业存在很大的不同，旅游产业是由多种产业组成的一个产业群，同时，旅游业与众多产业之间还存在着紧密的联系。随着社会经济的持续发展，人们经济和文化水平的提高，人们对于旅游的需求也转向更深层次的诉求，更加倾向于文化型、度假型、复合型等旅游产品，而不再仅仅是单一的观光型的旅游产品。旅游消费的大众化、多样化需求需要旅游产品的多样化发展，旅游产业与相关产业的融合也有待于进一步的加强。本章将对我国旅游产业的发展大趋势做简要探析。

第一节　旅游产业的发展

2009年，国务院首次提出要把旅游业建设成国民经济的战略性支柱产业，将旅游业作为综合性产业来发展是将其打造成战略性支柱产业的重要途径。旅游业会在其发展过程中与其他产业相互交叉渗透形成新的产业，即为旅游新业态。旅游新业态是在旅游业与农业、工业和服务业三大产业融合的基础上逐渐形成的。大力发展乡村旅游是旅游业与第一产业融合的主要内容；与第二产业的融合，是指发展旅游制造业、旅游用品和纪念品等；将旅游业与现代服务业的融合是其与第三产业融合的重要内容。另外，在中国经济社会稳步发展的新时期，推进旅游业与新型城镇化、农业现代化及绿色化协调同步发展也是当前旅游新业态发展的必然趋势。

建立和发展“旅游+”概念，既需要有着眼于宏观的高瞻远瞩，也应有着手于微观的周密和细致。发展旅游产业应该牢固树立和贯彻落实新的产业发展理念，加快旅游“供给侧”的结构性改革。发展旅游产业应重视统筹协调，融合发展，着力推动旅游产业一系列的转变。这些转变包括多方面深层次的改变，包括从原先简单的旅游区“门票经济”向综合的产业经济方面进行转变，从粗放低效扩展方式向精细高效发展方式转变，从封闭的传统旅游“自循环”体系向开放的“旅游+”综合体系进行转变，从企业单打独斗的“独享”向社会共建“共享”模式的转变，从旅游产业的内部管理向全面的依法综合治理体系的转变，从单方面的部门行为向政府统筹推进转变，从单一的景点景区的建设向综合目的地的综合服务进行转变，如此等等。

如上所述，旅游产业的发展已经成为推动我国经济和社会发展的重要抓手。我国的旅游产业发展需要从区域发展的全局出发，统一规划，整合不同的旅游资源，凝聚旅游产业发展的新合力，大力推进旅游产业，促进不同产业的融合，全面增强旅游发展新功能，使发展成果惠及各方，构建全域旅游共建共享新格局。在发展旅游产业时，我们应注意因地制宜，注重旅游产品、设施与项目的特色，切忌一刀切，搞一个模式，而应推行各具特色、差异化推进的全域旅游发展新方式，实现经济效益、社会效益和生态效益的相互促进和共同提升。旅游产业的发展，应该破除和摒弃传统旅游理念的束缚，不断完善旅游产业发展的体制机制、政策措施和产业体系。

旅游产业的发展应同时推进全域的统筹规划、合理布局、服务提升、系统营销，构建良好自然生态环境和人文社会环境，大力发展旅游产业的“供给侧”改革。旅游产业融合开放力度的加大，将综合提升科技水平、文化内涵和绿色含量，增加创意产品、体验产品和定制产品，并发展融合新业态，为市场提供更多精细化和差异化的旅游相关产品和服务，使供给更为高效且更具市场化。旅游产业是一个需要全社会共同参与的综合性事业，有着与房地产业类似的大跨度、多层次和较强延展性的综合特性，必将惠及整个社会的各个层面。公众、媒体、政府、相关行业等不同主体的共同参与，将充分整合和利用社会的各方面资源、渠道和平台，进而形成以旅游产业为契机和线索的、上下结合、横向联动、多方参与的全行业共同协调推进和发展的大格局。旅游产业对国民经济和社会就业的综合贡献水平将不断提高。旅游产业的发展将为劳动机会的增加、创业机会的增加提供无限可能的机会。作为经济社会发展的支撑性产业，旅游产业亦能够起到“一业兴百业”的带动作用，促进传统产业的提档和升级，并且孵化出一批新产业、新业态、新概念等新鲜事物。旅游产业的发展必将有助于树立和贯彻落实创新、协调、绿色、开放、共享这五大发展理念，以转型升级、提质增效为目标，通过不断创新推动旅游业的转型和升级，推动旅游行业由资源驱动和低水平要素驱动向创新驱动进行转变，推动全域旅游业的发展。以旅游业发展为主线，将进一步加快推进“供给侧”结构性改革，将我国尽快建设成为全面小康型的旅游大国。旅游产业将作为经济转型升级的重要推动力、生态文明建设的重要引领产业、展现国家综合实力的重要载体、助力脱贫攻坚的重要生力军，推动整个行业乃至整个社会经济体的发展，最终为实现我们民族的复兴贡献力量。

第二节　旅游产业与其他产业的融合与创新

旅游产业具有创新引领性、协调带动性、开放互动性、环境友好性和共建共享性等内在的独特特性，因而与其他相关产业融合和契合度极高，可以衍生出各种各样的新经济产品和类型。作为新常态下的优势发展产业，旅游产业也能同时激发出其他相关产业发展更大的动力和活力。我国的旅游产业应该向全域化继续纵深发展，以抓“点”为特征的传统景点旅游发展模式向全域旅游产业发展模式加速转变，促进区域资源的整合、产业融合和共建共享，实现旅游产业与农业、林业、水利、工业、商业、科技、文化、体育、健康医疗等各个相关产业和行业的深度融合和协同发展（见下图）。旅游产业与其他产业和行业的融合和发展也相应产生了多种多样的旅游类新产品、新模式和新类型，极大地丰富了我国的综合旅游产业。

一、旅游产业与农业的融合

旅游产业的覆盖面很广，旅游业与农业的融合是旅游业发展的新模式之一。“大旅游”与“大农业”有着先天的相互契合的特性，更容易进行融合，并在产业融合过程中逐渐形成以生态、体验和观光为主的新型农业形态。随着经济的发展，城市开放空间已经难以满足城市居民的需求，使得城市居民

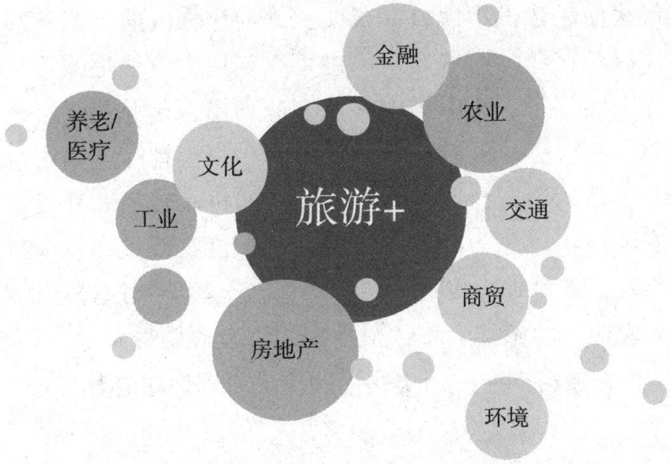

旅游产业与其他产业和行业的融合

开始了近郊旅游和乡村旅游，促进了乡村旅游的发展。目前，我国乡村旅游已经进入快速发展时期，旅游产业项目方应抓好机遇，搭上乡村旅游快速发展的班车，依托当地特色乡村资源和乡土民俗等，进行旅游商品创意和设计，形成系列旅游产品，突出特色，逐渐形成当地品牌，赢得市场需求。乡村旅游仅仅是旅游和农业两大产业融合的初级形态和初级阶段。“大旅游”与“大农业”的结合可以更有作为，例如通过大力发展观光农业、休闲农业、农业小镇，培育田园艺术景观、农艺等创意农业，发展具备旅游功能的定制农业、会展农业、众筹农业、家庭农场、家庭牧场等新型农业业态，打造第一、二、三产业融合发展的美丽休闲乡村。另外，旅游业的发展也不应拘泥于传统农业的范围，也可合理利用水域和水利工程，发展观光、游憩、休闲度假等水利旅游，建设和发展森林公园、湿地公园、沙漠公园、海洋公园、乡村特色小镇等等。

旅游业与农业的结合，其中最重要的就是如何合法而有效地利用农村的土地资源。旅游产业发展所需的用地可以纳入土地利用的总体规划、城乡规划统筹安排。通过土地利用计划向旅游领域的适当倾斜，能够扩大旅游产业用地供给，由此来保障旅游重点项目和乡村旅游扶贫项目用地。通过开展城乡建设用地增减挂钩和工矿废弃地复垦利用试点的方式来建设旅游项目，也是值得推广的有益尝试。此外，作为近年来的政策热点，农村集体经济组织也开始尝试依法使用建设用地自办或以土地使用权入股、联营等方式开办旅游企业和推广旅游产业。而城乡居民也可以利用自有住宅依法从事民宿等旅游经营。此外，旧厂房、仓库等也可被充分利用，借此提供符合全域旅游发展需要的旅游休闲服务。旅游产业的发展将在很大程度上为农村集体所有制土地的流转开辟新的道路，这将为中国经济的再次转型和升级注入不可估量的活力。三农经济将以此为突破口，找到适合自身特点和我国时代特色的最契合道路和模式，反过来也将推动旅游产业乃至整个中国经济的新发展。“大旅游”和“大农业”的嫁接必将结出中国经济发展中最有生机和活力的果实。从这个层面上讲，旅游产业的历史作用和价值将远远超越其自身发展的意义。

二、旅游产业与工业、房地产、商贸和金融的融合

旅游产业的发展与工商业和房地产业的发展密不可分，其结合和存在的形式也是多种多样。在很大程度上，旅游产业就是一种特殊形式和业态的工商业和房地产业，而工商业和房地产业的发展本来也是旅游产业发展的题中应有之义。旅游产业的进一步发展为工商业和房地产业的发展和突破提供了无限的机会。正如目前众多旅游地产项目所显现的，旅游产业是房地产业中最容易创设、发展和推广“新故事”的所在。特色小镇、绿色宜居村庄、风情县城及城市绿道、慢行系统等的建设，旅游综合体、主题功能区、中央游憩区等的开发和建设，都是房地产业在旅游产业中展现出来的另一面。旅游产业和房地产等其他产业的融合发展，能够依托风景名胜区、历史文化名城名镇名村、特色景观旅游名镇、传统村落等景点和景观资源，从而探索名胜、名城、名镇、名村等“四名一体”的旅游发展模式，或者利用工业园区、工业展示区、工业历史遗迹等开展工业旅游，促进和发展旅游用品、户外休闲用品和旅游装备制造业。

在房地产业中，土地是最至关重要的要素。旅游发展应与土地规划进行统筹协调，在经济社会发展规划和城乡建设、土地利用、基础设施建设、生态环境保护等相关规划中将旅游发展列为重要内容。塑造特色鲜明的旅游目的地形象，将有助于打造出主题突出、传播广泛、社会认可度高的旅游目的地品牌，在此基础上建立多层次、全产业链的品牌体系，提升各类旅游品牌影响力，促进旅游产业与目的地（包括酒店、度假村、餐馆、公寓等）综合

开发建设的共同发展。

另外，通过积极发展商务会展相关旅游产品和产业，完善和建设城市商业区的旅游配套服务功能，开发具有自主知识产权和鲜明地方特色的时尚性、实用性的旅游周边商品，增加旅游相关收入，也将促进旅游产业与商业之间更为密切的融合和协同发展。

此外，旅游产业的发展也将推动金融业的发展。旅游业的发展离不开财政金融的支持，需要扩大资金渠道，统筹地方各种资金支持,建设旅游基础设施和公共服务设施。发展旅游业有助于创新旅游投融资机制，设立旅游产业促进基金并实行市场化运作，依托已有平台促进旅游资源资产交易，促进旅游资源的市场化配置，引导私募股权、创业投资基金等各种渠道来投资各类旅游产业项目。2012年，原国家旅游局和中国银行等七个部门联合发文件，提出尽快推出各种金融产品。近年来，旅游产业IPO上市也已兴起，一系列金融新事物新产品也纷纷向旅游业渗透，与之融合发展。旅游业和金融的融合发展是我国经济发展中不可忽视的重要力量。

三、旅游产业与文化、科教、医疗和养老的融合

2018年3月，中华人民共和国文化部与国家旅游局合并设立中华人民共和国文化和旅游部，由此可见文化和旅游的关联程度之高。旅游产业先天即与文化产业息息相关，无论是旅游沿途或是旅游目的地，自古以来都与文化有着天然的契合和联系，甚至可以说，旅游在某种程度上就是文化的一个分支和表现形式，而文化也在很多方面和更深层次丰富和提升了旅游的形式和形象。在发展旅游产业时，项目方应根据不同地域的文化、娱乐、历史、名胜等得天独厚的特征，打造旅游产品多姿多彩的文化特性，例如传统村落、文物遗迹和博物馆、美术馆、艺术馆、纪念馆、世界文化遗产、非物质文化遗产展示馆等形式的文化文物旅游，以及剧场、演艺、游乐、动漫等产业与旅游业融合之后形成的文化体验旅游等。通过深入挖掘当地特有的历史文化、地域特色文化、民族民俗文化、传统农耕文化等特性，可促进我国传统工艺的传承，同时也将大大提升旅游产品的文化含量。以文化元素作为“内容”或“形式”，旅游产业将生发出更为醇厚的文化底蕴，也带来与其他行业融合发展的无限可能性，进而打造出丰富的文化旅游产品。

与此类似，旅游产业与医疗、养老、运动、体育同样也能产生各种意想不到的化学反应。例如，高端医疗、中医药特色康复疗养、休闲养生养老等健康旅游，冰雪运动、山地户外运动、水上运动、汽车摩托车运动、航空运动等体育旅游的因地制宜的开发，将当地的大型商场、景区、开发区闲置空间、体育场馆、运动休闲特色小镇、连片美丽乡村等设施联合打造成旅游综合体，也将激活当地特有的旅游新特色，为当地旅游创建更为绿色的铭牌。

此外，旅游产业与科技发展也是相得益彰，旅游产品的开发和旅游需求的潜力为科技发展提供了契机和动力。相应地，科学技术对旅游产业发展具有支撑作用，将有利于加快推进旅游产业的现代化和信息化建设。科学技术、文化创意、经营管理和高端人才对于推动旅游业发展的作用日益增大。"云计算"、"物联网"、"大数据"等现代信息技术在旅游业的应用越来越广泛。旅游产业体系的现代化成为旅游业发展的必然趋势。旅游业客观上推动了无线网络、APP软件、通信、视频监控等电子领域的发展。另外，在线预订、网上支付、服务网络平台、智能导游、电子讲解、实时信息推送，以及咨询、导游、导览、导购、导航和评价分享等智能化旅游服务系统的建设和成熟，再如当下日新月异前景无限广阔的人工智能AI系统，也必将在旅游业中获得极大的发展空间。发展旅游产业可以借助大数据分析来加强市场调研，充分运用现代的新媒体、新技术和新手段。新能源、新材料和新科技装备在旅游产业应用更为广泛，"新旅游"产业正需要提高旅游产品的科技含量，推广资源的循环利用、生态修复、无害化处理等绿色生态技术，加强环境综合治理，提高旅游开发的生态含量和科技含量。

四、旅游产业与交通、环保、国土资源的融合

在旅游产业的"点、线、面"综合体系中，非常重要的一环是"线"，即连接出发地与不同目的地之间的交通线网络，包括"海、陆、空"等不同方式。旅游产业的发展必然将与交通的发展相互促进。方便快捷的交通为旅游提供了便利，而星罗棋布的旅游目的地的建立也为交通网络的发展带来了巨大的消费需求。发展旅游产业，应配套发展旅行线路和旅行中转站，建设自驾车房车旅游营地，开发精品自驾游线路，打造旅游风景道和铁路遗产、大型交通工程等特色交通旅游产品，并且积极拓展邮轮游艇旅游和低空旅游等

多样旅游产品类型。因此，旅游业的发展迫切需要畅达便捷的交通网络，包括加快支线机场和通用机场的新建或改建，配置客源地与目的地的高铁和航班路线和时间，同时公路通达条件也需得到进一步改善，以连接干线公路与重要景区，进而提高旅游景区的可进入性。此外，城市绿道、骑行专线、交通驿站等旅游休闲设施也应相应发展，进而打造出具有通达、游憩、体验、运动、健身、文化、教育等复合功能的旅游交通线。

此外，旅游产业与环境保护、国土资源、海洋资源、气象等产业也密切相关，因此，也应借此大力开发和建设生态旅游区、地质公园、矿山公园，以及山地旅游、海洋海岛旅游等绿色环保产品，大力推动旅游度假目的地的建设和开发。这需要从政府层面严格管理该等旅游产业的规划和建设，力图保持传统村镇的原有肌理，既保证延续传统空间格局，又需要挖掘、传承和创新传统文化，有效地推广具有地域特征和民族特色的城乡建筑风貌。绿色旅游消费，绿色节能旅游设施建设（例如酒店和旅游村镇建设），也将提升能效，降低资源消耗，形成人与自然和谐发展的现代旅游产业的新格局。

第三章　中国旅游法律和产业政策

旅游产业的发展离不开法律法规的规范和保护，也离不开政府产业政策的扶植和把控。《旅游法》的颁布是旅游产业正式法制化的契机，而作为国家扶植的战略性支柱产业，旅游产业一直以来是政府在制定政策时所重点倾斜的对象。一旦与旅游概念相结合，其他产业也会焕发出新的生机和活力，也将更容易受到倾向性政策的保护和推动。另外，如何加快旅游"供给侧"的结构性改革也是旅游产业发展研究的热点课题。本章将从法律和政策角度出发介绍旅游产业在宏观层面的发展契机。

第一节　中国旅游法律制度

在我国，现代意义上的旅游立法始于20世纪70年代末。为了保障现代旅游业的健康发展，我国立法者在颁布的众多民事和经济的法律和法规中，一直十分重视对旅游业的法律保护。但是，如上文所述，旅游业是一个跨部门多、牵涉面广、受制约因素多的产业，其社会地位和作用越来越重要，与其他行业之间的关系也越来越复杂。而且，旅游活动领域存在着某些不同于一般经济或民事关系的特殊的权利义务，仅靠通用性法律的一般原则和规定，将不足以调整这些特殊的权利和义务。在此需求下，调整旅游社会关系的专门法律法规也就不断应运而生。

目前，我国有两类法律和法规来调整旅游社会关系。一类是通用的法律法规，如《合同法》、《环境保护法》、《公司法》、《中外合资经营企业法》、《反不正当竞争法》、《消费者权益保护法》等等。尽管这些通用法律法规从立法意图上并非是专门针对旅游社会关系制定的，但其所提供的法律原则和具体规定也同样适用于旅游业。另一类是专门调整旅游关系的法律法规。旅游业在我国是一个新兴的产业部门，旅游专门立法工作起步较晚。1985年5月11日，国务院颁布了《旅行社管理暂行条例》，这是我国第一个关于旅游业管理方面的法规。该《条例》施行后，相继又有几十个专门法规出台，例如《旅行社管理条例》、《导游人员管理条例》《风景名胜区管理暂行条例》、《旅行社质量保证金暂行规定》、《旅馆业治安管理办法》、《中华人民共和国评定旅游涉外饭店星级的规定》、《旅游投诉暂行规定》、《娱乐场所管理条例》、《旅游安全管理暂行办法》等，而且这些法规在实践中也在不断地修改和完善。从制定的部门来看，上述法律法规有的是国务院批准的旅游法律法规，有的是原国家旅游局单独或会同有关部门制定的法规。除此之外，还有大量的地方政府制定的有关地方旅游的法规。

2013年4月25日，全国人民代表大会常务委员会正式颁布《中华人民共和国旅游法》（自2013年10月1日起施行，以下简称《旅游法》）。这是我国第一部旅游综合法，是我国旅游业发展史上一件具有里程碑意义的大事，为进一步加强旅游监督管理、维护旅游者和旅游经营者权益、规范旅游市场秩序、提升旅游服务质量提供了“高阶位”的法律保证，为实现旅游业发展战略目标奠定了制度基石。《旅游法》的内容涵盖了市场规范、权益保障和旅游促进三大方面，既是规范法，也是保障法，又是促进法，均与旅游监管和质监执法部门承担的工作高度相关。旅游监管和质监执法的重要任务，就是保护旅游者和经营者的合法权益，维护良好的市场秩序。《旅游法》在规范旅游市场方面，突出了市场机制的作用，对旅游服务合同、合同纠纷处理进行了明确的界定，更多地运用现有的法律制度和市场机制来解决旅游监管遇到的难题。

另外，正确处理服务企业与依法监管的关系，是旅游监管系统经常面临的一个重要问题。一方面，政府要不断强化服务意识，努力为企业发展提供政策服务和行政服务，帮助企业解决实际问题；另一方面，政府也要为企业的发展提供良好的市场环境。首先，应加快建立政府牵头、部门分工的旅游市场综合监管机制。综合监管机制主要包括六方面内容：第一，由政府牵头、部门分工负责的监管机制是建立旅游市场综合监管机制的基础和基石。借助《旅游法》，首先要理清政府责任，把责任非常清晰地划分到职能部门。第二，建立常态化旅游联合执法机制。第三，统一旅游投诉受理机制。第四，旅游违法信息共享机制。第五，跨部门跨地区督办机制。第六，监督检查情况公布机制。上述这六项工作机制，构成了《旅游法》项下旅游市场综合监管机制的主要内容。《旅游法》将推动建立旅游市场综合监管机制，而政府部门也应改变观念，立足于明确的责任划分，立足于机制制度建设，并立足于综合执法来处理服务与监管关系。

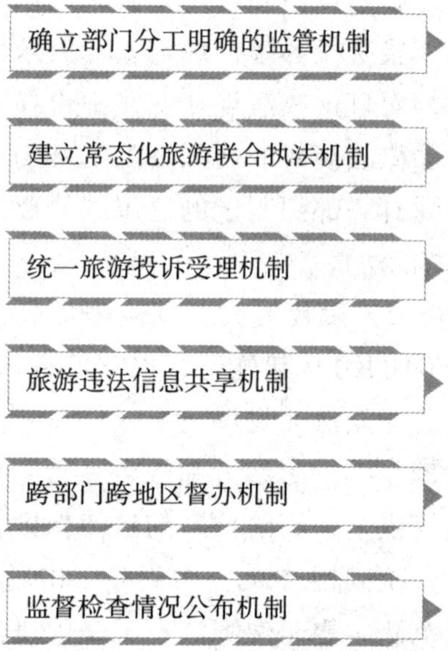

旅游市场综合监管机制

现行《旅游法》对国家的旅游规划和促进政策进行了明确的法律层面的规定，为以后进一步完善旅游产业相关法律规定奠定了良好基础。《旅游法》并非代表着我国旅游立法的终结和止步。我们不能期望一部旅游法律就能把旅游业中的所有问题都包罗无遗，一劳永逸地解决旅游业中存在的所有问题。可以预期，随着我国首部《旅游法》的实施和不断完善，我国相关的旅游法律制度也一定会逐步完善。《旅游法》的公布和实施，将加快推进依法治旅、依法促旅，逐步建成我国现代化的旅游治理体系。国务院随后相继出台了《国民旅游休闲纲要（2013—2020年）》、《国务院关于促进旅游业改革发展的若干意见》（国发〔2014〕31号）、《“十三五”旅游业发展规划》等一系列文件，而且各地也出台了不同的旅游条例等法规条例，进而形成了以旅游法为核心、政策法规和地方条例为支撑的法律政策体系，为我国旅游业的发展提供了强有力的制度性保障。

第二节　中国旅游产业政策

由于旅游活动的综合性特征，旅游产业相关的法律、法规和政策必然涉及众多的领域，如旅游在整个地区经济中的地位、税收、财政、产品开发与维护、交通、公共基础设施、环境、行业形象、社区关系、人力资源与就业、技术、营销策略、国外旅行规则等。《旅游法》及相关法律法规并不能涵盖上述所有方面，如何引导、规范和发展上述相关领域中的旅游相关因素，需要不同层次和不同方面的旅游产业政策予以辅助。

首先，我国应确立基本的旅游政策。基本旅游政策是旅游目的地发展旅游业的基本方针，是从推动旅游业发展的目标出发，为建立一定的旅游综合接待能力，实现旅游各要素的共同利益，明确旅游业在社会经济发展中的地位和作用而制定的政策。这是旅游目的地提出和实施的一般性旅游政策。

其次，具体的旅游政策是以发展某些具体部门、某些具体活动或行为为目的而制定的政策，是为贯彻和执行基本方针而辅助制定的相关规定、条例和办法等。一般性旅游政策的实施很大程度上取决于它的具体旅游政策。产业政策是政府为改变产业间的资源分配或对各种企业的某些经营活动提出要求或限制而采取的政策，并且将根据国家整体发展的趋势和产业具体的发展变化要求而变化。旅游产业政策作为一个政策体系，按照产业经营活动特点的划分，可以分为以下几方面内容：

一、结构政策

旅游产业结构政策首先应考虑旅游业在整个国民经济中的地位，其次是旅游业与国民经济其他行业的协调发展关系，此外，还应包括国内旅游业与国际旅游业的关系和政策协调。

二、地区政策

中国疆域辽阔，旅游资源分布和社会经济发展存在着较大的不平衡现象，这种不平衡引起了旅游供给结构中的地区差异性。因此，旅游业的发展应结合旅游资源的区位特点，在布局上、投资上要有重点、分层次，充分发挥地区比较利益的优势，推进地区产业结构合理化。

三、组织政策

旅游产业组织政策是调整旅游产业内企业间及企业内部组织结构的关系的政策。旅游产业组织政策的目的，主要是为了提高企业的经济效益，促进生产服务产业的集团化和专业化，形成合理的组织结构体系，实现生产要素的最佳组合和有效利用。

四、布局政策

旅游产业受资源分布、交通条件、旅游行程等因素的影响。与其他产业的布局分工有所区别，旅游产业的布局分工既有产业分布的区域性问题，也有产业分布点线结合、点面结合的问题。因此，旅游产业布局政策应根据旅游发展程度的区域性差异，在发展好东部沿海地区旅游业的同时，更应强调加快中西部地区旅游业的发展；根据旅游资源分布的独特性，强调形成旅游区域的专业化分工；根据各地具备的优势，如沿海、沿江、沿边等，形成有相对优势的旅游产品分布；根据资源互补、产品相关和交通便利等条件，加强旅游产品之间的联系，形成独具优势和竞争力强的产品系列。

五、技术政策

旅游产业技术政策是指根据旅游产业发展目标，指导旅游产业在一定时期内技术发展的政策。技术政策通过对旅游产业的技术选择、开发、引导、改造等，对旅游产业的技术结构、技术发展目标和方向、技术的国际竞争与合作等提出具体的要求，逐步推动旅游产业的发展。

六、开发政策

旅游业的外向性决定了旅游业的发展不仅要面向国内，更要面向国外，参与世界旅游市场的竞争是旅游产业政策不可缺少的内容。旅游市场开发政策包括促销经费的筹集、促销方案与措施、市场竞争的策略等等。

七、保障政策

旅游业是否健康发展还取决于其实施过程中是否能有相应的体制和保障政策与之相配套。旅游产业保障政策是为保障产业政策的贯彻实施应采取的有关经济的、法律的、行政的，以及其他多种手段的总称。

总之，旅游产业政策是为了增强旅游目的地的竞争力及其可持续发展，进而促进旅游目的地的社会福利最大化而制定的政策。许多旅游相关政策的制定都是一个社会发展的系统工程，这就需要旅游政策的决策者对旅游发展规律及趋势有深刻的了解，同时具备很强的协调能力。否则，政策的制定就会由于这样或那样的失误，影响旅游业的发展。

2015年11月10日，中央财经领导小组第十一次会议首次提出了“供给侧结构性改革”概念，即“在适度扩大总需求的同时，着力加强供给侧结构性改革，着力提高供给体系质量和效率，增强经济持续增长动力”。随后，国务院也提出，要适应和引领经济发展新常态，加快转变旅游发展方式，着力推进“旅游供给侧改革”。

我国此前主要通过扩大内需、拉动消费的方式来刺激经济，侧重于“需求侧”，而现在明确要把调控的重点转向“供给侧”，从供给、生产端入手，解放生产力，提升竞争力，将其作为刺激经济增长的新方法。如何将“供给侧改革”与旅游业相联系是我们需要考虑的问题。我国旅游产业的现状是我国居民消费已步入快速转型升级的重要阶段，旅游业正迎来黄金发展期，但同时旅游业也处于矛盾凸显期，如旅游产品供给无法满足消费升级的需求，政府管理和服务水平跟不上旅游业快速发展的形势。当前制约旅游业发展的主要因素不是需求不足，而是供给侧结构不合理、不平衡，不能适应需求侧多元化、升级型的市场消费。对于旅游业而言，将“供给侧改革”放到旅游业，则必将获得发展新机遇，发挥新作用，担当新的历史使命。在“十三五”

期间，我国将着力推进“结构侧改革”，促进旅游产业结构转型，提高旅游供给体系的质量和效率，这已经成为我国旅游产业发展的主要课题。

在旅游产业的“供给侧改革”中，企业将是中坚力量。具体而言，“供给侧改革”要从景区收入结构和产品服务两方面入手，并且围绕产品转型升级和技术创新进行。对于政府来说，要把旅游业“供给侧结构改革”置于地方国民经济的全局之中，因地制宜、统筹谋划，搞活存量与做优增量并举，提升已有产品与开发新业态并重，防止形成新的产能过剩。坚持产业融合、复合利用，尽量依托现有的文化、教育、医疗、农林、村镇等各类社会旅游资源，开发与民众生活融为一体的旅游产品，深化资源共享、产业融合，实现旅游产业的持续、高速、综合多方面发展。

第二编

旅游产业项目开发与运营

第四章 旅游产业土地开发

旅游用地，是旅游业形成和发展的物质基础。目前我国在权威法律层面并没有旅游用地的正式定义。通俗地讲，凡是能为旅游者提供观赏、学习、休息、娱乐等具有旅游属性和功能的土地，都可以被称为旅游用地。旅游用地具有综合性、持续性、灵活性、效益性等特点。开发旅游用地是一项复杂的系统化商业活动。投资决策、土地合同签订和设计组织管理结构、土地建设使用的规划运营等工作是土地开发必不可少的过程。此外，不同旅游业态的旅游用地也因土地性质的不同存在较大差异。

第一节 我国旅游产业土地政策概述

整体把握旅游用地问题，应基于我国现行的土地法律法规和政策，将土地的性质、规划、取得与流转等基本法律问题，结合旅游用地行政审批程序来综合考量。

一、土地的性质与规划

（一）我国土地的法律性质

“土地”一词目前尚未有通用的准确定义。我国土地管理部门曾在公开文件中将土地定义为“地表某一地段包括地质地貌、气候水文、土壤植被等多种自然因素在内的自然综合体”。这是从土地本身的特征来定义，更多的是从其自然特征角度对土地进行的概括。从法律角度来讲，法律更多关注的是土地权属划分、价值利用，以及管理流通方面的问题。我国土地领域的基本法律是《中华人民共和国土地管理法》。该法的第二条明确规定，我国土地以全民所有制和劳动群众集体所有制为主要内容的社会主义公有制为基本原则。国家依法对国有土地实行有偿使用制度。

以上法律规定是我国土地领域基本法律对我国土地性质的基本概括，任何与土地有关的活动都必须在土地公有制的基本制度下进行，即土地公有制是社会主义国家的一项基本特征，有别于土地私有制度。

（二）我国法律对土地的基本规划

土地的规划是指国家按照经济社会发展的前景和需求，根据一定规律对国土进行区域划分，对土地的合理利用进行长期安排的过程。根据《中华人民共和国土地管理法》第四条规定，我国通过编制土地利用总体规划，实行土地用途管制制度。根据本条的规定，我国结合实际国情，将土地根据基本用途分为三种规划类别，即农用地、建设用地和未利用地。其中，建设用地，是指在其上或准备在其上建造建筑物、构筑物的土地，包括城乡住宅、基础设施、旅游用地和军事用地等等。我们通常在城市市区见到的土地，大多为建设用地。农用地，顾名思义即为用作农业生产的土地，包括耕地、林地、养殖用地、农村道路等等。此处值得特别注意的是，并非全部农村土地均为

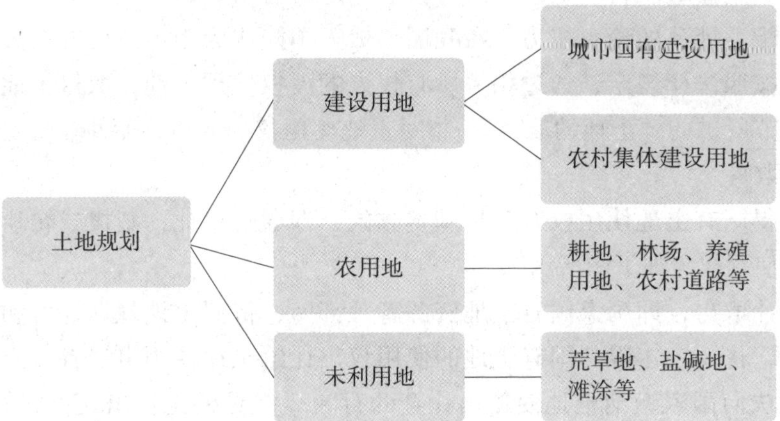

我国土地用途规划分类

农用地，在农村土地上用作非农业用途的土地，也属于建设用地的范畴。土地规划分类较为复杂，下图可以更好地帮助读者理解。

除土地规划依据的分类外，在规划体系中，土地的所有权也是一个比较基础的问题。《中华人民共和国土地管理法》第八条规定，城市市区的土地属于国家所有；农村和城市郊区的土地，除法律规定属于国家所有的以外，属于农民集体所有；宅基地和自留地、自留山，属于农民集体所有。在上述法律规定中，属于国家所有的城市土地较为常见，其土地权属的界线相对清晰，职权管辖部门相对明确，而归属集体所有的郊区土地和农村土地的情况则比较复杂。我国有着广袤的农村土地，与各地农村土地有关的纠纷在商业实践和司法实践中大量存在。而且，就旅游用地来说，不少旅游项目的位置就是在集体所有的农村土地上，且随着全域旅游的逐渐开展，人们的旅游目的地由点至面的大量增加，可以预测将来会有更多的位于集体土地上的自然村落、自然风景成为新的旅游项目，因此也会相应地产生更多的旅游用地权属争议。

二、土地的取得与流转

（一）土地的取得

我国土地的所有权状态只有两种，即国有土地和集体所有土地。国有土地是指国家依据宪法和法律对一定范围的土地享有所有权，而集体所有土地是指农民集体对农村土地享有所有权。土地所有权，即对土地进行占有、使用、分配、处分的绝对权力。在我国自然人不能成为土地的所有权人，自然人只能按照法律规定，通过相关所有权人的授权使用土地，取得土地的使用权。本节所讲的“土地的取得”，指对土地使用权的取得，而并非指对土地所有权的取得。

取得国有土地使用权有三种基本方式，即通过出让、划拨或转让获得国有土地使用权（如下图所示）。

出让取得，即国家国有土地资源管理部门，依照土地规划许可和一定法律程序，将一定年限的国有土地的使用权出让给土地使用申请者，土地使用权人依法向国家缴纳土地使用出让金的行为。常见的土地出让方式有招标、拍卖、挂牌等方式。

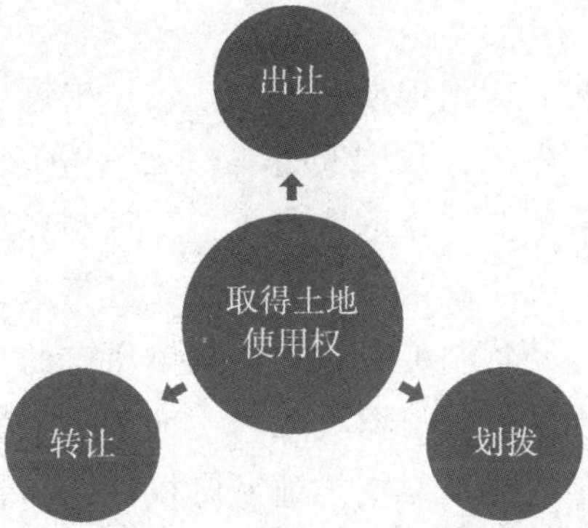

土地使用权取得方式

划拨取得，即指县级以上人民政府依法批准，在土地使用者缴纳补偿、安置等费用后将该幅土地交付其使用，或者将土地使用权无偿交付给土地使用者使用的行为。根据《中华人民共和国城市房地产管理法》第二十四条的规定，划拨取得的土地，一般为国家机关或军事用地、基础设施或公益设施用地或其他经县级以上人民政府依照一定法律程序批准使用的土地。就旅游用地来说，通过划拨使用的旅游用地相对较少，但也并非绝对。

转让取得，即土地使用权人将土地使用权再次转移的行为，具体包括出售、交换或赠与等形式。考虑到划拨土地的性质与目的，划拨土地的转让通常被严格限制。

相比国有土地使用权的取得，取得农村集体所有的土地使用权所需要考虑的问题和可能出现的不可控因素相对较多。总体来说，土地应当按照土地基本规划用途进行使用。例如，建设用地应当用以工程建设，如基础设施建设或房地产建设等；农用地则用以进行农业生产。目前，我国的城镇化速度极快，城镇扩张速度超过预期，造成了国有城市用地稀缺而广大农村却有大量空闲土地的局面。鉴于当前土地资源紧张的趋势，不少省份已经开始试点农村土地转用和农村土地征收相关政策的探索，取得了一定成绩和实践经验。

（二）土地的流转

土地的取得即土地流转的结果，诸多相关概念已在前文讲述。下文将专门介绍土地的流转，是考虑到农村土地对于旅游用地而言所具有的特殊利用价值。

土地的流转一般就是指土地使用权的流转。根据《中华人民共和国农村土地承包法》第三条的规定，我国实行农村土地承包经营制度；在承包经营后，土地的所有权性质不变。家庭联产承包责任制经过多年发展，已经在农业生产领域体现出了巨大的制度优越性。尤其近年来，农村农业正在逐渐形成规模经济，土地承包经营制度有效地将集体所有的土地使用权形成独立价值，将其从土地中解放出来。根据《农村土地承包法》的规定，国家保护承包人依法、自愿、有偿的在不改变土地所有权性质和农用地性质的情况下进行土地承包经营权的流转。单一家庭所有的土地承包经营权可以通过转包、转让、入股、合作等方式，向农业专业大户出让经营权，发展农业规模经营。这种农村规模经济已经在近年来成为旅游市场的新宠，如有机农业种植、精品水果采摘等旅游项目、农村旅舍、农居体验等旅游模式等的发展。这些新兴旅游模式需要大宗土地形成一定的区域规模，农户转让自家承包的土地的使用权给相应生产经营大户或进行合作生产经营，将为农业旅游提供肥沃的土壤。

三、旅游用地政策概述

我国是土地资源大国，地形地貌的种类繁多，整体土地资源丰富，但人均土地资源稀缺，上述特点构成了我国土地资源的历史特征。此类客观因素在一定程度上决定了我国现有的土地政策。新中国成立以来，我国土地政策曾历经数次变化。时至今日，我国法律法规等各类规范性文件中，与土地相关的规范性文件仍是各类规范性文件中数量最多的。改革开放以来，每年的国务院一号文均针对三农问题做出，对第一产业进行战略部署。这反映出我国政府对于三农问题的重视，其原因也正是因为三农问题的重要性和复杂性。有关土地的规范性文件有较强的时效性，随着国家和各地的用地政策不断调整，土地规范性文件也会随之变更。客观上，不断变化的国家土地政策给研究旅游用地相关问题增加了很大难度。

从规范性文件的位阶角度来看，首先，《中华人民共和国土地管理法》是土地领域的根本法，其内容为研究旅游用地问题奠定了法律基础。

其次，《农村土地承包法》、《森林法》、《城乡规划法》、《海岛保护法》等与土地相关的其他法律分别具体规定了相关土地的特定问题，如农村土地使用权、林场相关问题、城市与乡村地上建筑规划等问题，或者海岛资源利用与保护相关问题等等。

再次，国务院及其部委就全国范围内土地相关问题而颁布的行政法规或部门规章，如《国务院关于深化改革严格土地管理的决定》（国发〔2004〕28号）、《国务院关于促进旅游业改革发展的若干意见》（国发〔2014〕31号）、《国务院办公厅关于进一步促进旅游投资和消费的若干意见》（国办发〔2015〕62号）、《关于支持旅游业发展用地政策的意见》（国土资规〔2015〕10号）、《城市用地分类与规划建设用地标准》等。以上涉及土地的规定（尤其是旅游用地的特别规定）是在全国范围内适用的。其中，国土资源部于2015年下发的《关于支持旅游业发展用地政策的意见》是研究近年来旅游用地政策的基础性部门规章。

最后，各地针对本地区的特点和当地旅游发展特色，对旅游用地进行的实验性政策尝试并制定具有地方特点的具体规定。例如，在北京市于2015年出台的《北京市人民政府关于促进旅游业改革发展的实施意见》中，就曾提出北京市鼓励“农村集体经济组织依法以集体经营性建设用地使用权入股、联营等形式与其他单位、个人共同发展旅游业。支持利用荒山荒坡和废旧工矿用地发展旅游业”。在2017年开始实施的《山东省旅游条例》中，山东省在每年的年度土地供应计划中将特别统筹安排旅游用地，鼓励利用荒山、海岛、煤矿塌陷区进行旅游开发。再比如，无论从气候、环境等方面考虑，云南省都非常适合老年人居住。随着近年来愈发火热的云南“候鸟式”养老模式，云南省加大了对“养老旅游”的土地资源供给保障，鼓励部分集体所有的农村土地、滩涂、水面、林地等，优先许可转变规划，对相关旅游产业进行用地供给。上述地域性法规和政策为当地旅游产业的发展提供了更具针对性的有效指引和规范。

四、旅游用地行政审批

旅游用地可能涉及的用地审批有很多种，每项用地审批将会因为法律依据不同、用地特点不同而有所差异。此外，不同地域的政府部门设置和职权范围也不尽相同，在具体操作上也会有所差别。下文将以旅游用地最为常见的两种用地审批为例，介绍旅游用地审批的大致程序及其相关政府部门。

（一）农用地转用审批

首先，申请人向当地县级政府提出申请，再由当地政府呈报至省级人民政府并取得批准文件；随后，申请人需准备项目可行性研究报告、项目规划文件、农用地转用和补偿方案；第三，应取得被转用当地村民大会或村民代表大会的决议和意见；第四，应在规划部门取得相关规划批准文件；第五，还应有现场勘探、规划、测绘等相关文件，若该片土地涉及林场、渔场、滩涂、矿藏或有危险物质、有色金属等覆盖区域，还应取得该所涉特殊土地资源相关管理部门的审批文件。以上文件均应按照法律规定，在相应主管部门于法律规定的期限内获得，按照当地国土资源行政部门的规定在该国土资源部门办理。

（二）建设用地审批

目前，我国主管国土资源的规划和审批的行政主管部门在各地尚没有统一命名，有些地方称为国土资源局，有些地方称为国土资源规划与管理委员会等等。建设用地多为城市市区的建设项目，总的来说，县级以上人民政府、县级以上规划部门许可和国土资源管理部门的审批均为各地建设用地审批必不可少的程序。鉴于各地国土资源管理部门对于当地建设用地的审批程序的规定基本为公开透明的，故暂不赘述该等审批程序。

第二节　不同业态下的旅游产业用地的特点与实践

近年来，“旅游用地”这一概念在各种场合被使用的日渐频繁。不论是在学术研究领域还是土地开发实践层面，旅游用地作为新型概念正在逐渐取代住宅用地、商服用地等类概念在旅游领域的位置。国土资源部、住建部、原国家旅游局联合出台的《关于支持旅游业发展用地政策的意见》(以下简称“《意见》”)旗帜鲜明地提出，要大力保障旅游业发展用地供应，明确旅游新业态用地供应，加强旅游业用地服务监管。在《意见》行文中，多次出现“旅游用地”这一概念。虽然《意见》并没有明确规定“旅游用地”的具体定义，但其作为多部委联合发出的规范性文件中的标准用语，还是引起了业内极大的兴趣和讨论。事实上，《意见》触及了旅游业发展的最大瓶颈——旅游用地问题。有相关研究人士就指出，《意见》的最大意义在于给旅游用地以正名，使得旅游用地这一称呼正式进入历史舞台。

综观《意见》全文，其最明显的信号就是全部有关旅游用地的讨论均是在确定的旅游业态下进行的，如名胜古迹或自然风景区的旅游用地、乡村旅游中有集体性质的旅游用地等。研读《意见》的内容就不难发现，在其表述中，《意见》所讨论的旅游用地的规划、开发、审批是在不同旅游业态下进行的，不同地理位置、旅游内容和土地性质决定了该旅游用地的特点及对其开发的要求。所以，明确不同旅游业态下的旅游用地特点及实践就显得尤为重要，亦为解决旅游用地的规划、开发等后续问题所必须事先了解和掌握的知识。

一、乡村旅游用地特点及实践问题

在《中共中央关于推进农村改革发展若干重大问题的决定》中提到，“因地制宜发展特色产业和乡村旅游业”，土地承包经营权在流转过程中，不得改变集体土地所有的性质，不得改变土地用途，不得损害农民土地承包的权益。以上内容被认为是乡村旅游土地开发的纲领性表述。此后，全部有关乡村旅游用地的相关规定、政策、土地开发实践均将该决定的相关内容作为基本原则。

(一)农村旅游用地的开发概览

根据自然资源部公布的相关数据显示，2017年全国农用地超过6万万公顷，其中林地接近3万万公顷，牧草地超过2万万公顷。我国是土地资源大国，就旅游产业的发展来说，农村土地蕴含着巨大旅游资源。开发好、利用好亟待开发、规范的农村土地的旅游资源是未来旅游业发展的主要方向和动力。新时代语境下的农村土地开发，不仅仅只在土地安全和粮食产量两个角度进行考虑，农村土地如何更好地为发展农村经济、增加农民收入、提高农民生活质量，让越来越多的农民在自己的家乡土地上享受到城市居民同等生活水平而发挥作用，才是农村土地用途的新思维，是目前最值得考虑和研究的课题。

农村旅游用地，正是在这一背景下产生的重要术语和命题。开发农用地的旅游价值，是实现经济效益与国家土地安全需求相结合的过程，即农村土地政策在大力保障土地承包经营权顺利流转的同时，要确保基本耕地红线不变，要强调农村土地的生态功能不受破坏，以生态价值带动旅游效益。事实上，农村旅游并非是为了根本转变农村用地的原有用途。旅游价值是包容性极强的概念，特色养殖、种植采摘、立体农业均有巨大的旅游价值。总之，开发农村旅游，既要保持乡村的本真性，也需要进行一定的商业开发，使之在不失乡村色调的基础上满足旅游消费的需求，使农村土地在功能上更加丰富。

（二）农村旅游用地的可开发类型及取得方式

农民自留地、宅基地。在《农业部等11部门关于积极开发农业多种功能大力促进休闲农业发展的通知》中明确表述，要支持农民自家发展农家乐等多种形式的休闲农业旅游项目。农民在自有剩余宅基地上充分利用资源产生旅游价值，扩大了原土地的使用维度，是目前最为广泛的农村旅游用地实践。

农村集体建设用地。主要包括公益事业用地和公共设施用地、经营性用地和宅基地。

四荒地。具体包括荒山、荒沟、荒丘、荒滩等未利用的土地。这些土地均为在当前经济环境中未得到充分利用的土地，然而事实上这些土地有相当一部分都有较高的生态价值，开发后能产生更大的旅游价值。

城乡建设用地增减挂钩。部分农业旅游确实需要占用耕地时，先行在异地垦地，数量和质量验收合格后，再将占用地用作建设用地。

（三）农村旅游用地面临的主要困境和突破途径

市场上的旅游度假村有相当一部分位于农村土地上。作为将优美风景与优质服务相结合的旅游酒店或度假村项目，这些度假式酒店成为旅游酒店市场的新宠。然而，据了解，不少优质项目（尤其是在农村土地上的优质旅游项目）有相当一部分曾经历过由于用地问题而造成的项目开发困境。有的正在开发进程中的农村旅游项目就正经历由于农村土地与村民集体产权及相关管理部门的权力范围不清而产生的审批和谈判困境。

由于我国在用地政策上采取城市用地和农村用地的二分法，且就农村土地的性质划分又比较严格与复杂，如何盘活沉睡的农村土地，使其在旅游市场大放异彩或重获新生，是发展乡村旅游要解决的第一大难题。盘活农村土地，各地政策不一，但总结起来包括以下几种：

“征用+挂牌”（如下图所示），即根据项目需要，把农村集体建设用地征用为国有建设用地后，再挂牌出让，解决农村建设用地分散闲置而国有出让土地紧缺的矛盾。

农村土地使用方式之“征用＋挂牌”模式流程

“征购+转移”（如下图所示），有不少老旧村落的地理位置有极佳的旅游价值，但由于交通不畅或设施较差，政府将农民集中搬迁到新村安置，老村予以保留并发展旅游，且可以优先安排本地村民工作（可参考以下图示）。

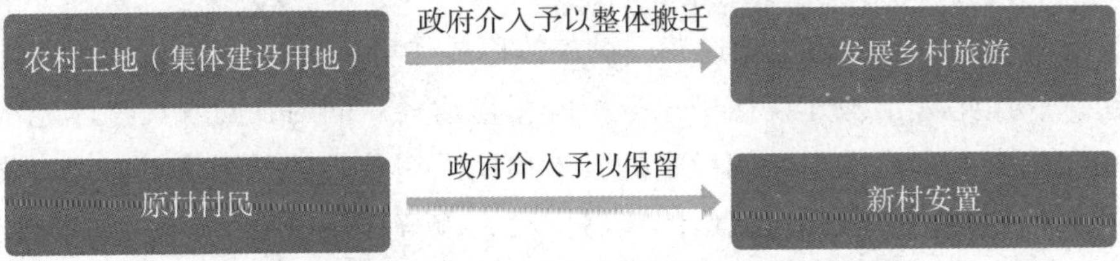

农村土地使用方式之“征购＋转移”模式流程

“回收+租赁”（如下图所示），据相关新闻报道，回收是指由基层政府主导，村委会动员实施，收回村民手中闲置的宅基地，寻找专业开发公司将这些宅基地、老旧住宅开发为旅游项目（如温泉山庄、农家体验等），土地房屋产权归属村委会，村民以入股形式参与旅游项目或在回收阶段给村民以补偿后出租给村民自己经营休闲旅游项目，实现荒废农村土地再利用的目的。相比前两种农村土地用地模式，收回租赁模式不以改变土地性质为前提，实施中的审批压力相对较小（可参考以下图示）。

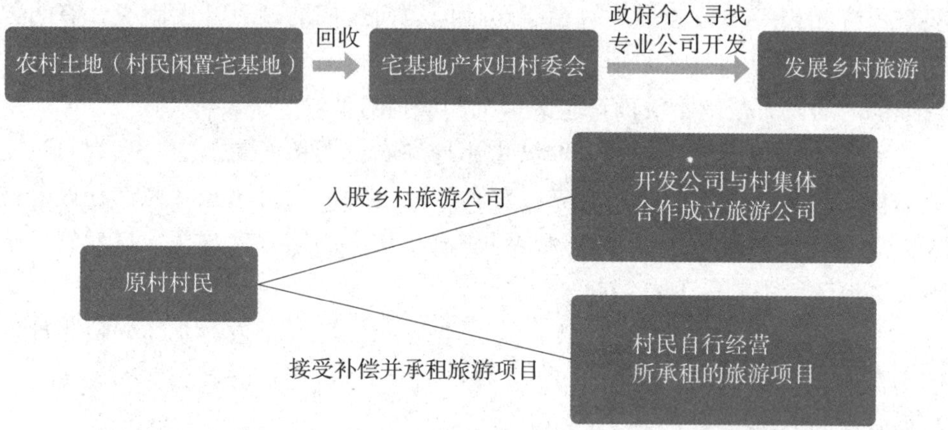

农村土地使用方式之“回收＋租赁”模式流程

2017年8月21日，国土资源部、住房城乡建设部关于印发《利用集体建设用地建设租赁住房试点方案》的通知（国土资发〔2017〕100号），提出为增加租赁住房供应，缓解住房供需矛盾，构建购租并举的住房体系，建立健全房地产平稳健康发展长效机制，国土资源部会同住房城乡建设部根据地方自愿，确定第一批在北京、上海、沈阳、南京、杭州、合肥、厦门、郑州、武汉、广州、佛山、肇庆、成都等13个城市开展利用集体建设用地建设租赁住房试点，制定了《利用集体建设用地建设租赁住房试点方案》。通过改革试点，要在13个试点城市成功运营一批集体租赁住房项目，“开通了农民集体经济组织利用集体土地建设住房这一新的用途途径。同时，对农民集体经济组织和农民个人形成一个长期稳定的收入预期。它核心的目标是增加住房紧张的城市特别是特大和超大城市的住房供给，缓解住房供需矛盾。特别是能够促进建立租购并举的长效机制，对完善房地产健康稳定的长效机制起到积极推动作用”。该《方案》还提出，村镇集体经济组织可以自行开发运营，也可以通过联营、入股等方式建设运营集体租赁住房。

2018年9月30日，上海市发布了一个重磅文件《上海市农村集体经营性建设用地使用权出让公告》，沪集告字（2018）第001号。该文件是上海第一次发布集体经营性建设用地的出让公告。对于农村集体经营性土地入市，也是上海市的第一次突破。从中国土地战略的长远发展来看，农村集体土地是一个比较大的土地存量。如何在避免过度的商业化的前提下充分而优化地利用农村集体土地，如何将农村集体土地与旅游产业更有效地结合并实现历史性突破，将成为我们关注和研究的重要课题。

二、城市旅游用地特点及实践问题

城市规划用地中一直不存在“旅游用地”这一分类。自《关于支持旅游业发展用地政策的意见》出台后，“旅游用地”一词正式问世。虽然目前我国现行的《城市用地分类与规划建设用地标准》还没有准确的旅游用地定义，但可以推测在不远的将来，旅游用地将成为与商服用地、住宅用地及工业用地等一样的基本城市规划用地类型。

（一）城市旅游用地概览

旅游自古有之，但专门在城市土地上开辟出一块地方并立法命名为旅游用地，还是近来的新概念。城市旅游用地是从产业角度对城市国有建设用地的性质进行理论划分。如上文所述，在我国，目前仍没有旅游用地的单独分类。由于旅游业发展时间较短，且旅游业常常与其他产业存在紧密而不可分割的联系，长期以来旅游业用地通常由住宅、商服、绿化等其他多种类型用地组成。但是，随着旅游业的蓬勃发展，其独特的经济价值和文化价值被越来越多的地区所关注，有不少县市的主要经济来源是旅游业，更有地区以地方特色绿色旅游作为其经济发展的重要支柱和地方名片。旅游用地的独立需求便应运而生。

（二）城市旅游用地开发的基本原则及分类

1. 城市旅游用地开发的基本原则

城市旅游用地是城市国有建设用地在保证基本住宅用地和当地工业发展用地的基础上，为了本地区经济更好发展而开辟的新型用地。发展城市旅游，初衷在于满足大众生活消费需求，进而拉动地区经济发展。城市旅游用地开发需要遵守以下基本原则：

一是合理利用原则。旅游的内容和形式是多种多样的，不同的旅游项目对城市用地需求、土地周边景观、土地开发幅度不尽相同。因此，城市旅游用地开发应根据不同旅游项目的实际需要和特点，因地制宜，形成独具风格的旅游项目。

二是保护土地生态价值的原则。相比农业开垦、工业生产来说，旅游活动对自然环境的破坏程度要小很多，但根据相关研究数据显示，其仍可能对自然环境产生一定影响，因此在旅游用地开发中需要对土地生态系统进行保护。

三是可持续开发的原则。旅游者是旅游的主体，旅游者的需求是开发旅游项目的最终导向。所以，开发旅游项目要充分考虑市场的需求和变化，注重市场弹性，根据需求进行旅游开发。此外，还要考虑开发地的承受程度和容载率。随着经济发展和社会进步，旅游市场在较长时期内还会进一步扩容。这就需要旅游项目的开发，尤其是旅游用地的开发要循序渐进，给未来发展留有余地，走可持续发展的道路。

2. 城市旅游用地的基本分类

由于城市旅游用地并非官方文件中的正式概念，目前还没有对其较为准确的分类。但由于城市旅游项目纷繁多样，分类是进一步具体讨论其特点的最好办法。

根据现有的研究资料和相关实践情况来看，从产业形态视角来看，旅游用地大致可分为两类，一是完全旅游用地，二是辅助旅游用地。

完全旅游用地是指全部直接为旅游者提供旅游服务的旅游产业用地，包括景点、景区及配套酒店、饭店用地、度假式高尔夫球场或类似区片式体育用地、旅游特色小镇用地、旅游购物中心用地、游乐场或主题公园娱乐设施用地、旅游交通场站用地等。

旅游辅助用地是指部分或间接地为旅游者提供服务的所在区域，主要包括旅游商品生产厂商所在区域、旅游培训场地区域、为酒店或景点、景区提供餐饮服务的农产品生产加工区域、为旅游者提供邮寄、金融、通信等服务的场地等。

（三）城市旅游用地现存问题及思考

1. 城市旅游用地的性质不明确

如前文所述，目前我国的城市国有建设用地中还没有旅游用地的明确定义和划分，也没有给旅游用地的内涵和外延加以清晰的界定，导致目前大部分市区内的旅游项目所在土地的性质混乱而复杂，这给城市土地规划和管控造成一定的障碍，因此管理机构有必要着手制定含有旅游用地的城市用地规划分类，将旅游用地管理职权明确，由国土部门中有旅游工作经验的专门人员或专门成立的管理旅游用地的国土部门进行专门管理，这将有利于旅游产业的有序健康发展。

2. 旅游用地取得程序不规范

相比大型旅游景区而言，城市旅游项目通常建设周期短，收益快，客流量持续且稳定。越来越多的投资人选择城市中小型旅游项目进行投资，如主题乐园、艺术街区、商业博物馆等。但在诸多的用地申请或实际建设中，超规划建设、超红线建设的情况比较突出。此外，实际用地情况较为混乱，用地申请的行政管理程序模糊不清，增加了投资商的实际成本，也降低了该旅游项目的实际建设效果。若能针对旅游用地的取得程序进行专门立法或制定专门的申请标准和流程，可以在一定程度上避免上述问题的发生。

3. 旅游用地的用途不清

部分城市为了拓展其城市国有用地的规划管理范围，在其城市用地总体规划中，将一些城市周边区域设定为旅游辅助用地。由于目前旅游用地不在城市总体规划范围内，这部分用地无需统计，从数字上无法看出城市用地的增加，但在实际建设中，这部分用地用作了地产建设、商服设施等类似于旅游用途的项目。

三、风景名胜旅游用地特点及实践问题

在众多旅游项目中，风景名胜区是最传统、最常见也是最受旅游者欢迎的旅游项目。风景名胜区是指具有观赏、文化、生态、科研价值的自然景观或人文景观或两者兼有的地理区域。自1982年起，我国建立了中国风景名胜区管理体系，全国现共有二百余处国家级风景名胜区。这些风景区分布在我国各个省、直辖市、自治区，具有宝贵的旅游产业研究价值。

（一）风景名胜区旅游用地概览

解决风景区用地问题是开发风景名胜旅游的基础，是风景旅游资源赖以存在的物质空间载体。为确保风景资源切实发挥其资源价值，实现风景资源在未来较长一段时间内能够继续充当旅游主体的角色，实现风景区可持续发展，明确旅游用地的土地属性、做好风景区旅游用地功能布局、建立风景区旅游用地的常态监管至关重要。

此外，风景名胜区是旅游市场最重要的价值存在，它承载的生态意义、文化意义均是其他旅游资源所无法替代的。解决好风景名胜区用地问题是有效利用、合理开发、创造风景区更高价值、切实保护风景资源的基础工作。用地开发和监管与风景资源开发和保护之间有着密不可分的联系。风景区的重要性本身要求用地政策科学合理、用地监管有效持续，而合理的用地规划和有效的用地监管又可以强化风景资源的保护。

（二）城市风景区用地

在我国的风景名胜区中，有一种风景名胜区是与城市的发展密不可分的。由于它们与城市关系密切，在发展中受到临近城市的影响较大，故又被称为城市风景名胜区（Urban Scenic Area）。与远离城市甚至几乎独立于城市的风景名胜（如新疆赛里木湖风景名胜区）相比，城市风景名胜既具有市区内无法欣赏的自然风光，又有地理上相对靠近城市的现代生活便利，游客通常可以当天往返。这种得天独厚的优势使得城市风景区成为我国旅游市场的支柱性旅游项目。随着近几年如新疆等地区的经济高速发展，完全独立于城市的风景名胜区将会越来越少。

迄今为止，在我国全部风景名胜区中，已经有超过四分之一明确为城市风景区。按照与城市从地理关系、经济关系等方面的互动强弱之分，城市风景区又可以分为以下三类：

市区型风景名胜区，是指位于城市市区内或景区的全部景观已经被城市建城区包括在内的风景名胜区。这种城市风景区可能在数年前还处于城市外围，但随着近年来城市的扩张，逐渐被城市包围，甚至已经进入城市商圈，承担了一定市区大型公园的功能，例如我们所熟知的济南趵突泉风景区、杭州西湖风景名胜区、武汉东湖风景名胜区等等。风景区所在土地组成也因此变得相对复杂，其可能由城市国有建设用地及集体土地或其他性质的农村土地混合组成。据了解，为了方便统一管理风景区的土地规划、建设、征用等事宜，一般大型城市市区风景区都成立风景区管理委员会，挂在市园林局、文化局等政府部门牌下，统一管理园区包括土地在内的各项事务。从杭州西湖风景区管委会的官方网站公布的情况看，园区管委会下设国土分局，负责编制和实施园区内国土规划、土地总体利用及相关土地资源的利用，并负责实施集体土地征收、集体土地上房屋补偿及建设项目前期审批等工作及上级国土资源部门下放的其他有关农村土地管理的职能。由此可见，园区下设的国土资源分局并不承担完整的国土资源局的职能，只在上一级国土资源部门的授权范围内行使对景区有针对性的土地管理职能。就园区内集体土地的管理职权来看，园区国土分局主要针对园区内景观改造、房地产建设（酒店、游客中心、景观配套设施等）等事项进行集体土地征收征用审批，对于其他非景区需要的土地开发事项，则由市国土资源部门统一办理。

近郊型风景名胜区，是指位于城市规划区之内，景区建设位于城市市区毗邻区域或靠近城市边缘的区域或与城市存在交叉的风景区。该类风景区所处的位置常常是城乡接合部，人口布局和土地结构相比市区风景区显得更为复杂，管理难度和重要性在风景区中应排在首位。虽然这类风景区地理位置位于城市近郊（城乡接合部区域），但一般由关联城市组成管理委员会（挂在市政府名下），由关联城市代管。例如我们所熟知的龙门石窟风景区，坐落于河南省洛阳市的靠南区域，从龙门石窟到洛阳市中心大概需要50分钟车程，该风景区就属于典型的近郊型城市风景区。龙门石窟风景区设管委会，是洛阳市政府的派出机构，园区内土地归洛阳市国土资源管理局统一管理，权力并不下放至园区管理委员会。

远郊型风景名胜区，是指位于城市市区规划范围内，但在城市市区的毗连区之外的不相邻的风景名胜区。这类风景区相对独立，与城市距离较远，但一般可以当日内往返，所以仍在城市发展的辐射范围之内，与城市的服务设施存在紧密联系，例如青岛崂山风景区、重庆武隆天生三桥风景区和浙江金华双龙洞风景区等等。这类风景区的用地结构极为复杂，由于风景区由专门的政府外派机构统一管辖，实际上风景区已经在地理上形成独立区域，该区域内大部分土地为乡镇或村庄土地，兼有一部分城市建设用地。由于我国目前还没有从国家层面上出台统一的风景区土地规划、开发相关配套法律法规，各地对于风景区土地管理政策不一，客观上也造成了风景区土地管理的混乱。

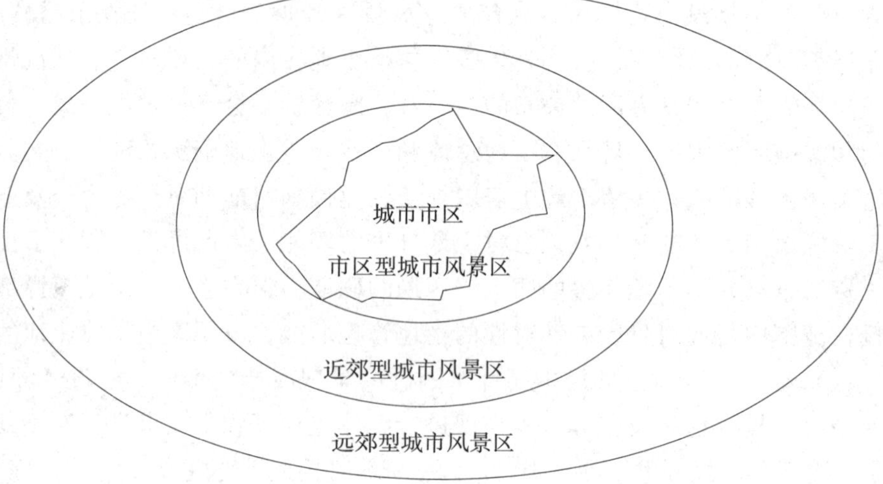

城市风景区地理分布

前文所介绍的是当前城市风景区用地的基本分类，虽然在客观上这种分类在实践中已存在很长一段时间，也基本符合我国城市风景区的实际情况，但仍然存在一些问题，这些问题也反映在城市风景区土地管理的混乱上。

首先，相关风景区用地缺少必要衔接。我国现行的《风景名胜区规划规范》有一套分类系统，但在实际管理中，我国主要是按照《城市用地分类与规划建设用地标准》所设定的分类标准进行土地管理——即其将城乡用地分为建设用地和非建设用地——而风景区多数既有建设用地又有非建设用地，故该套系统也无法准确定位风景区用地，只是在建设用地中片面提到了风景区可能涉及的管理服务设施用地。

其二，是景区用地分类与规划体系层次不相符。从风景区的整体规划上来看，我国是参照城市规划体系将其划分为两阶段、两层次的。但风景区的土地规划却没有与风景区整体规划同步，造成对于城市风景区与相邻城市在不同层次上无法准确对接，面临一定的管理困局。

其三，不同分类体系造成用地名称不统一，无法实现风景区用地与城市发展统一协调管理。如风景名胜区土地分类中的"风景点建设用地"很容易使人将其与其他城市建设用地类型混同，但事实上风景点建设用地仅仅可以建设改善景观、景点构造等改善景区环境的设施，与城市建设用地的内涵完全不一致。此外，风景区用地中的“居民社会用地”与城市用地分类中的居住用地也容易混同，造成管理上的混乱与不协调。

（三）非城市自然风景区的用地问题——美国国家森林公园管理模式的启示

城市风景名胜区的用地问题是风景名胜区用地问题比较集中的一个主要区域。城市风景区毗邻城市区划，土地分类不规律，土地性质相对复杂，旅游项目的用地难情况相对突出。还有一种与城市风景区不同的风景名胜区,即在地理位置上远离城市的自然风景区，比较知名的有四川省阿坝州九寨沟自然风景区、内蒙古额尔古纳风景名胜区、云南省丽江玉龙雪山风景区、新疆天山天池风景区等等。人们常用“人间仙境”、“世外桃源”来形容这些风景区，正是因为这些著名的风景名胜区都地处偏远、远离现代城市，独具原始的自然风光。

从景区用地的角度看，自然风景区远离城市，其所在土地多为园地、林地、耕地、草地、水域等国家所有的无人居住地。按照住建部颁布的《风景名胜区规划规范》，这些自然风景区也兼有少量的游览设施用地、城乡建设用地、交通与工程用地等与城市用地规划分类相类似的土地。目前在我国即便一处自然风景区的土地可能由多种不同土地类型共同组成，且各地在规划、审批相关土地实践操作、审批所耗时间以及当地政府对自然风景区的扶持力度（包括开发时期及后续建设时期）均存在一些差别。旅游项目尤其是自然风景区的土地规划、开发与审批在我国尚未有统一主管行政单位，各地自然风景区在进行土地规划与开发的实践也不尽相同，这种差异或多或少会反映在景区的整体发展水平上。如何才能有效地减少不同地区的自然风景区旅游用地的规划与开发的差异？美国的国家公园体系给了我们一些有效的参考实例。自1872年黄石国家公园建立后，美国已经建立起拥有近四百个国家公园的庞大体系，其高效统一的严密体系给各国的旅游业治理以良好的启迪。

在美国，国家森林公园由专门的政府机构负责开发、建设及相关日常管理工作。美国的国家公园体系的管理部门为内政部国家公园管理局（U.S. National Park Service of the Department of Interior）。除了涉及国土安全、国防需要的土地相关问题，凡有关国家公园的土地事项专门由其特别设立的部门进行协调、管理，尤其是行使提出规划方案、批准建设、土地生态监测等重要监管职能。

除有专门政府机构统一实施管理外，美国国家公园的旅游用地规划、景区土地监测、相关政策制定均由政府聘请的专业人士完成。据资料显示，美国国家公园管理局下设丹佛规划设计中心。该中心聘请了园林设计、生物生态、地质水文等方面的专家学者，及其他与用地问题相关的业内专家形成决策委员会，按照一定行政程序直接作出行政决断。这种政府与独立的专业人士分轨治理并由专业人士直接做出行政决策的模式也许在我国现行制度下还无法直接照搬适用，但我们可以透过其程序设计看到它的一些制度优越。我国土地主管部门在进行风景区用地政策的制定时，也可以考虑有关学科的专家给出的专业意见，增强土地规划和用地管理的科学性。

与美国的国家公园有所不同，我国的国家级风景名胜区种类多样，单从自然景观上就可以分为湖泊型、山岳型、海滨型、森林型、寺庙型等等风景名胜。不同的自然景观和地貌特征，由于其所涉及的地理特征和行政管辖范围不同，我国只能采取由不同政府部门分别管理职权范围内的土地类型。例如，与水文地貌相关的由航运局、水务局主管，与建设用地相关的由土规局、建委主管，而林场、林地则要由林业局参与管理等。按照相应职权分别管理虽然是法律要求的应有之义，但不可否认的是，就旅游用地问题实施统一管理，可以提高行政效率，并有利于从景区长远发展角度做出通盘决策。

第三节　旅游用地的实践问题及思考

一、旅游用地的风险防控

（一）市场因素的风险防控

旅游产业是最近三十年来甚至更短的时间内在我国新兴起来的行业，继农业、工业等传统经济支柱性产业后，旅游业成为不少地区的新的经济增长点甚至成为部分县、市的支柱性产业。然而，相比传统行业，旅游业既是一种服务业——靠人吃饭的社会行业，也是一种像传统农业一样，靠天吃饭的自然行业。旅游还是人们在“衣”、“食”、“住”的必需消费之外，为了满足自身精神层次需求的消费项目。旅游产业的发展对宏观政治条件、经济条件和社会条件的依赖性要强于传统行业对外界因素的依赖程度。全球经济的动向、地区政治的波动，甚至自然气象条件的变化，都会引起旅游领域相关消费指数的变化。从旅游业开发者的角度看，商业条件的变化，亦对旅游选址造成极大影响。

对于旅游经营者来说，开发新的旅游项目将首先涉及选址问题，而旅游项目的选址也是和项目内容本身分不开的。例如，以大型游艺项目为主的主题公园，消费主力应大致在年轻群体和亲子群体上，选址于城市近郊甚至市区则更为适宜。在确定选址时，还要考虑到该城市的消费水平、旅游热度和交通便利程度。旅游项目开发者更需要综合分析这些外部条件后，能够以独特视角深挖当地文化，以当地特色文化引导旅游项目创意和营销热点，进而规划项目选址。以国内主题公园为例，万达集团旗下的万达乐园目前已有包括西双版纳双乐园、南京金陵文化一日游、青岛大型室内水上乐园、长白山雪上之旅等9处选址不同、主题不同的精品主题乐园，其巧妙地利用当地文化成功选址，成为国内主题公园策划典范。以南昌万达文化旅游城为例，该旅游项目是近三十年来江西省内最大的投资项目，地点位于距离南昌市中心15公里处，处于城市市区范围内。如何平衡公园收益与出让金成本，亦是旅游开发者在考虑商业风险时应特别注意的问题。

（二）法律政策的风险防控

与规避商业风险不同，规避法律风险体现出了更多的强制性和必要性。若把开发旅游项目比喻为过关斩将的战场，一旦发生法律政策风险，对开发者来说，结局往往是伤筋动骨，而造成的损失经常是致命的。

我们继续以上一节中的主题公园用地为例。考虑到主题公园的消费特性，其位置一般会选在市区或城市近郊，占地一般为城市国有建设用地。近年来，各地对城市房地产建设的控制非常严格，对于超规划建房、超红线建房处于高压打击状态。不少开发商利用了主题公园的建设名义，实际上大搞房地产开发。这种情况已经引起了不少地方政府的密切关注。事实上，主题公园修建配套餐饮、配套高端住宿是国内外主题公园通行的做法，但是房地产建设不能喧宾夺主，更不能“挂羊头卖狗肉”，表面一套背后一套，以开发旅游项目为名，搞开发房地产之实。

海南省是我国旅游大省，主题公园开发是海南旅游建设的重要组成部分。2013年，海南省国土资源厅下发《关于规范主题公园的若干意见》。该意见指出，要彻底规范主题公园的土地利用管理，统筹完善规划布局，节约集约利用土地资源，并明确指出严禁利用主题公园的土地进行房地产开发，与主题公园关联的周边房地产开发项目必须单独立项、单独供地，不得与主题公园捆绑申请或捆绑审批。此后几年，各地针对以“主题公园+地产”模式进行“擦边球”式用地申请的方式均做出了较为严格的限定。政府采取相关举措正是注意到了该种模式是借开发主题公园之名来开发房地产，公共资源被冠以“旅游用地”的名义进行商业地产的开发和利用。

从旅游开发者的角度，“主题公园+地产”是国外常见的经营开发模式。若不考虑政策限制，几乎每个开发者的首选开发模式都避不开房地产在项目开发中的重要位置。然而如前所述法律、政策的限制，旅游项目开发者须在用地审批阶段，充分了解当地旅游用地审批政策，尤其是当地政府对“主题公园+地产”或“其他旅游项目+地产”等模式的严控程度，按照政府有关部门关于旅游项目用地的总体规划和具体政策申请使用土地。

2018年3月9日，国家发改委、国土资源部、环境保护部、住房和城乡建设部以及原国家旅游局五部门联合发布《关于规范主题公园建设发展的指导意见》。该《指导意见》指出，严禁以主题公园建设名义占用各类保护区或破坏生态，严格控制主题公园周边的房地产开发，不得因主题公园建设增加地方政府债务。主题公园用地应按照国家土地管理有关规定通过招拍挂等方式取得，严禁采取划拨方式，周边房地产开发必须单独进行审批不得捆绑。至此，“主题公园+地产”模式的管控状态升级到了全国范围。据了解，目前我国的一线城市的主题公园布局已经日臻完善，二三线城市凭借其较好的旅游资源，旅游项目的商机正逐年凸显，主题公园的“抢地”竞争也几乎到了白热化的阶段。在此过程中，上述政策的出台正是为了避免盲目建设、重复低水平建设、超规划建设和捆绑建设等情况的发生。旅游开发者应在这方面引起足够的注意，在旅游用地的申请审批过程中警惕法律政策风险给项目带来的影响。

二、旅游用地的新思考——全域旅游时代的开启

（一）全域旅游的提出

2018年3月，国务院办公厅发布《关于促进全域旅游发展的指导意见》，“全域旅游”一词被正式使用。所谓全域旅游，是指在一定区域内，以旅游业为优势产业，通过对区域内经济社会资源尤其是旅游、产业、生态、公共服务等资源进行系统化提升，实现区域资源的整合及共建共享，最终达到以旅游产业带动区域经济协同发展的一种理念。全域旅游是旅游产业向深水区改革的全新理念，若要用一句话概括其全部特点，确实在表述和理解上有一定难度。分解来看，全域旅游就是将现在的景点旅游模式进行以下几个方面的转变（见下图）：

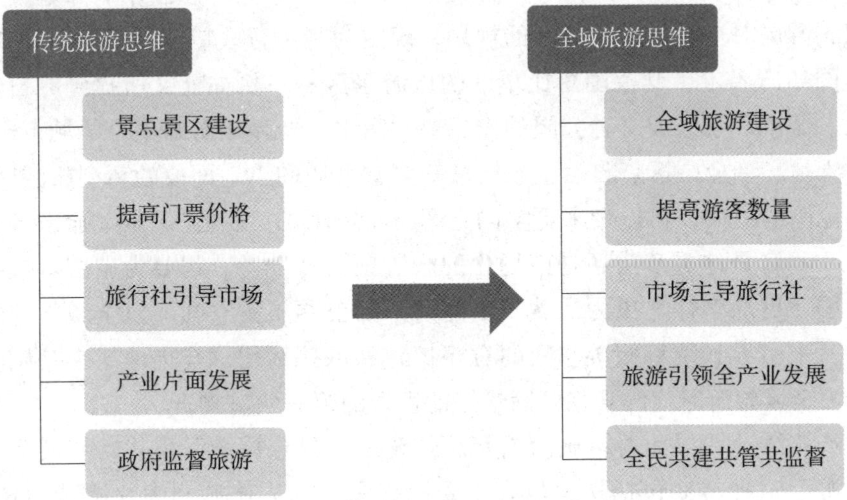

全域旅游概念特点转变

一是从分散的景点景区建设转变为区域综合统筹发展，摒弃旧有景点的体制围墙，将旅游思想贯穿区域发展全境；

二是从门票经济向产业经济转变，部分公益性景区要切实体现其公益性，市场性景点景区的票价也要有一定限制，让旅游的流量增加，转变传统的单价发展思维；

三是以市场化思维引导旅行社、旅游服务业改革，实现法制化、市场化；

四是实现“旅游+”融合发展方式，促进旅游带动当地产业协同发展，推动旅游发挥国际化功能；

五是实现全民共建旅游经济、共管旅游治理、共监旅游发展。

（二）全域旅游背景下对旅游用地问题的挑战

《关于促进全域旅游发展的指导意见》要求，发展全域旅游，要将一定区域作为完整旅游目的地，推动旅游与城镇化、工业化和商贸业融合发展，推动旅游与农业、林业、水利融合发展，推动旅游与交通、环保、国土、海洋、气象融合发展，推动旅游与科技、教育、卫生、体育融合发展。总的来看，主要强调“综合发展”四个字。

全域旅游的“域”，并不一定是指一个县或一个市，也并不一定按照原国家旅游局对全域旅游示范区的规划，确定为某一行政单位区域。不管“域”的范围如何界定，其范围总比单一的旅游景区——例如前文所提到的自然风景区、城市风景区或主题公园的面积要大得多。全域旅游是集合了城市土地、乡村土地、产业园区、自然生态区域等多种性质的土地而成的新型旅游区域。旅游范围的扩大，可以带来更多的空间供给需求的“扩容”，推动旅游产业的发展。不管是地方政府还是市场化的旅游项目开发者，都要为旅游者提供更大范围、更加多样、更为优美、更能共享的公共旅游空间。以全域旅游的大背景，来引导和统筹旅游空间的有序扩容和保护利用，在土地这个基础问题上，为全域旅游时代的来临，铺垫好征程上的第一块垫脚石。

从旅游消费层面看，旅游消费从传统的“景点旅游”模式转变成为“全域旅游”这种转变包括从少数有享受消费水平的人旅游到大众旅游的转变，从固定时段（如国家法定假期、部分著名景点的消费旺季）的观光旅游向休闲度假旅游的转变，以及从团队景点旅游到自助自驾旅游的转变。全域旅游将突破围绕旅游景点的定点定向开发，开发将涉及城市、乡镇、村落、居住社区、产业园区等空间。这就要求重新定位用地政策，重新规划旅游用地供配方式。我国旅游用地现阶段尚未进入国家城市用地或乡村用地整体规划分类方案，全域旅游的提出给我国正式将旅游用地纳入相关规划提供了宝贵的契机。

（三）全域旅游背景下的旅游用地的新定位

《关于支持旅游业发展用地政策的意见》（以下简称“《意见》”）就用地问题提出了至少四点现阶段的解决策略：一是有效地落实旅游重点项目新增建设用地；二是支持使用未利用地、废弃地、边远海岛等土地建设旅游项目；三是依法实行用地分类管理制度；四是多方供应建设用地（符合划拨范围的可以划拨，用途混合且包括经营性用途的应采取招拍挂方式供应土地）。总体来看，以上措施主要是为了缓解现阶段旅游用地的紧张程度。若想满足全域旅游背景下的旅游用地新要求，可能还要从以下几个方面对旅游用地问题进行全新考量：

首先，将旅游用地作为正式土地分类纳入我国土地统一规划分类系统。为了保障旅游用地的有效有序供应，明确的土地分类是首先要解决的问题。在此基础上，应全域旅游的内涵要求，应将旅游用地分类纳入土地利用规划、社会经济规划、城乡规划进行用地统一规划，将旅游相关的用地空间和性质在法律层面进行规定，保障全域旅游的基本发展要求。

第二，在明确旅游用地分类制度后，进一步拓展旅游用地的类型和供地方式。按照《意见》的相关要求，就城市旅游项目来说，当地政府应推动对旅游项目建设用地供应及申请审批流程向高效化、程序化、公正化方向发展；就非城市旅游项目的开发，旅游开发者应充分考虑旅游扶贫用地、废弃地、滩涂、荒地、乡村可开发地块的合理运用和综合利用，当地政府也应就这些性质的用地为旅游开发者申请用地创造必要的便利。

第三，限制性或保护性土地的管控。除《意见》外，相关国务院部门规章也对旅游用地的开发活动进行了规范和限制。就该等用地依据，当地政府应考虑到全域旅游带给用地划分和管理的巨大挑战，通过更加细致的土地规划和管控，进一步明确各类土地的规划和管控原则，进一步科学管理旅游用地，实行有效的旅游用地政策，为全域旅游提供有效、充分、可持续发展的条件和肌理。

第四，明确全域旅游背景下旅游用地使用和供给方式。全域旅游是各地区互利共赢的重要旅游改革，在《意见》指引下，各地区都应当首先从旅游用地这个基础问题入手，进一步细化旅游用地政策，可采取先行试点的办法出台地域性旅游用地使用细则并进行实践性检验。

第五章　旅游项目建设

任何旅游经营活动的开展都必须依托一定的实体，借助一定的旅游活动场所，如酒店、博物馆、主题公园、旅游服务中心、旅游大道、特色商街等等，否则旅游经营活动的开展就是无源之水、无本之木。同时，这些实体也是旅游经营者，无论是政府抑或是企业，是进行融资活动所直接服务或投入的对象，旅游融资所募集的资金直接或间接地投入到这些设施的建设中，使得相关的旅游策划从蓝图变成现实，从想象的概念变成建筑实体。可以说，旅游项目建设，在整个旅游项目的开发和运营环节中，起着承上启下的关键作用，任何旅游项目从业者都不应该忽视旅游项目建设环节的关键性。本章将就一般项目建设的概况作一介绍，然后针对旅游项目建设的特殊性，针对旅游项目规划、建设等方面的重点问题作出提示。

第一节　项目建设概况

项目建设，又称工程项目建设，是指为了完成依法立项的新建、改建、扩建的各类工程（如土木工程、建筑工程及安装工程等）而进行的、有起止日期的、达到规定要求的一组相互关联的由受控活动组成的特定过程，包括策划、勘察、设计、采购、施工、试运行、竣工验收和移交等。

目前，我国工程项目建设的程序非常复杂，涉及的政府审批也十分繁琐，手续繁多，通常一个工程项目建设的审批时间至少需要数月。不过，我国已经在北京、上海等地试点开展工程建设项目审批制度改革工作，以优化审批阶段、分类细化流程、推广并联审批，力图将目前的审批时间压缩一半以上。2019年，我国将在总结推广试点经验的基础上，在全国开展工程建设项目审批制度改革。2020年，预计将基本建成全国统一的工程建设项目审批和管理体系。

根据《国务院办公厅关于开展工程建设项目审批制度改革试点的通知》（国办发〔2018〕33号），建筑工程建设大致可以分为四个阶段：立项用地规划许可阶段、工程建设许可阶段、施工许可阶段，以及竣工验收阶段。

工程建设各阶段

一、立项用地规划许可阶段

立项用地规划许可是工程项目建设的首要环节。该阶段主要包括项目审批核准备案、选址意见书核发、用地预审、用地规划许可等。具体来说，在立项用地规划许可阶段，工程项目的建设者可能需要从规划部门获得选址意见书/规划意见、建设用地规划许可证，从国土部门获得用地预审、国有土地使用权证，从环保部门获得环境影响评价批复，从地震部门获得地震安全性评价，从发改部门获得节能评价、项目审批/核准/备案等。不过，正如前面所说，随着我国工程建设项目审批制度改革的开展，未来单独的环保、节能、地震安全性评价等将有望整合成统一的区域评价，并且该评价也有望不作为发改部门项目审批或核准的前提条件。

二、工程建设许可阶段

当工程项目的建设者正式获得了项目用地的土地使用权，并且获得了规划、环保等部门的初步评估，发改部门的项目批准/备案之后，就将进入到正式的工程建设的环节。在正式施工之前，还需要经过工程建设许可的阶段，该阶段主要包括了设计方案的审查、建设工程规划许可证的核发等。随着我国工程建设项目审批制度改革的开展，未来建设工程设计方案的审查将不再单独进行，而是在核发建设工程规划许可证时一并审查。

三、施工许可阶段

施工许可阶段是工程施工前的最后一个审查环节，完成本环节的工程项目将可正式开始工程的施工。该阶段主要包括消防、人防等设计审核确认和施工许可证的核发等。目前该阶段内容比较复杂，包括消防部门的消防设计审核/备案，民防部门的人防工程施工图备案，气象部门的防雷装置设计核准，建设部门的建筑节能设计审查备案、招标备案、施工合同备案、工程质量安全监督手续、建筑工程施工许可证，施工图审查机构的设计文件审查等。随着我国工程建设项目审批制度改革的开展，未来该环节有望将简化许多，消防设计、人防设计等技术审查将并入到施工图设计文件审查中，并且取消建筑节能设计审查备案，取消施工合同备案，将工程质量安全监督手续与施工许可证合并办理。

四、竣工验收阶段

工程项目的建设者经过长年累月的艰苦建设，最激动人心的就是工程的完工和竣工验收。竣工验收阶段主要包括规划、国土、消防、人防等验收和竣工验收备案等。具体而言，在这一阶段，规划部门会对工程进行规划核验（验线、验收），国土部门进行用地复核验收，消防部门进行消防验收/竣工验收消防备案，民防部门进行人防工程竣工验收备案，气象部门进行防雷装置验收，环保部门进行建设项目竣工环保验收，建设部门进行竣工验收备案。此外，还涉及市政公用基础设施（供水、供电、燃气、热力、排水、通信等）报装及接入。随着我国工程建设项目审批制度改革的开展，未来规划、国土、消防、人防、档案、市政公用部门和单位将实行限时联合验收，统一出具验收意见，对于验收涉及的测量工作，实行“一次委托、统一测绘、成果共享”。市政公用基础设施的报装也将提前到施工许可证核发后办理，在施工阶段完成建设，并进行限时联合验收，在竣工验收完成后直接办理接入事宜。

总之，工程项目建设是一项非常复杂的系统性工程，不仅需要专业的工程建设知识，建设过程中严格符合相关的建设标准，还需要了解相关法律法规，接受有关部门的审核/批准/备案等监管。因此，工程项目的建设者需要重点关注当前进行的工程建设项目审批制度改革，关注其对工程建设项目进展可能产生的影响，做好相应的筹划工作。

第二节　旅游项目规划问题

一、规划设计

（一）旅游项目规划要求

人们常说“兵马未动，粮草先行”，强调做事要事先做好充足的准备工作。旅游项目的建设亦是如此。对于旅游项目来说，充足完备的准备工作就是要在旅游项目建设之前做好充分的规划设计工作，正所谓“项目建设，规划先行”。与其他工程项目建设一样，旅游项目建设同样需要科学、严谨的规划设计工作，这是所有工程项目建设所共通的。但是，由于旅游项目紧紧地依托于生态旅游资源，而生态旅游资源又作为自然资源的组成部分，是大自然赐予人类的财富，亦是子孙后代实现可持续发展所必备的，因此，在旅游项目建设方面必然会有其特殊性，国家针对旅游项目的规划设计和具体建设等也会有特殊的要求。

我国在《旅游法》中规定了旅游项目的整体性规划。根据《旅游法》的规定，国务院和省、自治区、直辖市人民政府以及旅游资源丰富的设区的市和县级人民政府，应当按照国民经济和社会发展规划的要求，组织编制旅游发展规划。根据旅游发展规划，县级以上地方人民政府可以编制重点旅游资源开发利用的专项规划，对特定区域内的旅游项目、设施和服务功能配套提出要求。旅游发展规划应当与土地利用总体规划、城乡规划、环境保护规划以及其他自然资源和文物等人文资源的保护和利用规划相衔接。各级人民政府编制土地利用总体规划、城乡规划，应当充分考虑相关旅游项目、设施的空间布局和建设用地要求。规划和建设交通、通信、供水、供电、环保等基础设施和公共服务设施，应当兼顾旅游业发展的需要。

此外，我国还对一些特殊区域的旅游规划做出了特别的安排，比如自然保护区、风景名胜区、地质公园、森林公园、文物保护区、世界遗产、主题公园等等。

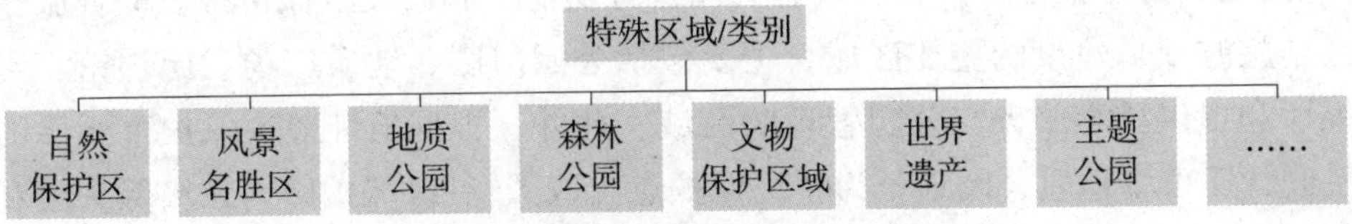

旅游规划需考虑的特殊区域 / 类别

根据《自然保护区条例》的规定，自然保护区可以分为核心区、缓冲区和实验区。在这三个区域中，只有缓冲区外围划为实验区的，可以进入从事旅游等活动，其他区域均无法开展旅游和生产经营活动，并且在自然保护区的实验区内开展旅游活动的，需要由自然保护区管理机构编制方案，方案应当符合自然保护区管理目标。根据《在国家级自然保护区修筑设施审批管理暂行办法》的规定，高尔夫球场开发、房地产开发、会所建设等项目的设施属于在国家级自然保护区内禁止修筑的设施，并且在国家级自然保护区修筑设施的，也需要符合相关的规划，否则在特定情况下可能需要依法变更国家级自然保护区的范围和规划。

根据国务院制定的《风景名胜区条例》规定，风景名胜区规划分为总体规划和详细规划，总体规划包括重大建设项目布局、开发利用强度、风景名胜区的功能结构和空间布局、禁止开发和限制开发的范围等内容。风景名胜区详细规划则应当根据核心景区和其他景区的不同要求编制，确定基础设施、旅游设施、文化设施等建设项目的选址、布局与规模，并明确建设用地范围和规划设计条件，该详细规划应当符合总体规划的要求。在风景名胜区内的旅游项目建设，应当遵循风景名胜区详细规划确立的具体要求。并且，根据该条例的规定，风景名胜区的规划需要由相应的政府主管部门批准；如果规划未经批准，则不得在风景名胜区内进行各类建设活动；如果要对规划中的重大建设项目布局等内容进行修改的，也应当由原审批机关批准。此外，禁止在风景名胜区内进行开山、采石、开矿等破坏景观、植被和地形地貌的活动，禁止违反风景名胜区规划，在其内设立各类开发区和在核心景区建设宾馆、招待所、培训中心、疗养院以及与风景名胜资源保护无关的其他建筑物，已经建成的应当按照风景名胜区规划，逐步迁出。

关于地质公园，根据《国家地质公园规划编制技术要求》的规定，地质公园可以划分为地质遗迹景观区、自然生态区、人文景观区、综合服务区（含门区、游客服务、科普教育、公园管理功能）和居民点保留区。综合服务区是旅游项目建设的主要区域，主要包括公园门区、地质广场、博物馆、影视厅和提供游客服务与公园管理的区域。此外，根据地址遗迹保护重要性的不同，还可将地质公园划分为特级保护点（区）、一级保护区、二级保护区和三级保护区。一级保护区可以设置必要的游赏步道和相关设施，但必须与景观环境协调；二级保护区允许设立少量的、与景观环境协调的地质旅游服务设施，不得安排影响地质遗迹景观的建筑；三级保护区可以设立适量的、与景区环境协调的地质旅游服务设施，不得安排楼堂馆所、游乐设施等大规模建筑。因此，位于地质公园内的旅游项目的建设者必须非常清晰地知晓该地质公园的相关规划安排，遵守规划的要求开展建设活动。

对于森林公园而言，根据《国家林业局关于进一步加强国家级森林公园管理的通知》的规定，编制国家级森林公园总体规划，需要科学划定核心景观区、生态保育区、一般游憩区、管理服务区，按照不同功能分区的要求进行项目布局和建设，要从严控制住宿、游乐设施以及人造景观建设；在总体规划批准之前，不得在森林公园内新建永久性建筑物、构筑物等人工设施，对于国家级森林公园与自然保护区交叉重叠的区域，应将二者规划相协调，并按自然保护区有关规定进行管理。该通知还要求，以总体规划统领国家级森林公园建设，不符合规划的建设项目一律不予办理建设项目使用林地审核审批手续和林木采伐手续。对于索道、滑雪场等严格控制的建设项目，确有需要建设的还需组织有关部门和专家进行必要性、可行性和合法性的论证。森林公园原则上禁止建设高尔夫球场、房地产等不符合森林公园主体功能的开发活动和行为。总之，相关旅游项目建设者需要关注森林公园总体规划以及森林生态旅游等专项规划，相关建设活动需要符合规划的要求。

如果旅游项目建设涉及古文物、历史文化保护等特殊要求，需要特别注意《文物保护法》等法律法规的特殊要求。例如，《文物保护法》规定，对于保存文物特别丰富并且具有重大历史价值或革命纪念意义的城市，由国务院核定公布为历史文化名城，保存文物特别丰富并且具有重大历史价值或革命纪念意义的城镇、街道、村庄，由省、自治区、直辖市核定为历史文化街区、村镇，历史文化名城和历史文化街区、村镇有其专门编制的历史文化名城和历史文化街区、村镇保护规划，该规划纳入城市总体规划。因此，如果建设项目处在上述历史文化名城、街区、村镇内，项目的建设者需要特别关注其专门的保护规划。另外，对于局部性的文物保护单位附近的旅游项目建设活动，也需要注意：文物保护单位分为保护范围和控制建设地带等，在文物保护范围内原则上不得进行非文物保护为目的的建设工程，在文物保护单位的建设控制地带内进行建设工程的，不得破坏文物保护单位的历史风貌，工程设计方案应当根据文物保护单位的级别，经相应的文物行政部门同意后，报城乡建设规划部门批准。此外，在旅游项目设计选址时，应当尽可能地避开不可移动文物。因特殊原因不能避开的，应当在建设中实施原址保护。

世界文化遗产的保护也有其特殊的规划。遗产所在地应当明确世界文化遗产的保护范围、保护措施等，并且将世界文化遗产的保护规划和目标措施，纳入到当地的土地利用总体规划、城市和村镇建设规划、风景名胜区总体规划以及国民经济和社会发展计划。任何单位和个人不得擅自调整世界文化遗产保护规划。根据《世界自然遗产、自然与文化双遗产申报和保护管理办法》，世界遗产地范围应划入禁止建设区域，不得开展与遗产资源保护无关的建设活动；缓冲区范围应划入限制建设区域，严格控制各类景观游赏及旅游服务设施建设活动。总之，旅游项目建设主要集中在世界遗产地的缓冲区范围，并且建设活动应当符合世界遗产保护管理规划的具体要求。

最后，再介绍一类近年来尤为火爆的旅游项目——主题公园的规划问题。根据《关于规范主题公园建设发展的指导意见》，省级政府要根据本地区具体情况，科学论证，统筹研究本区域主题公园项目的数量和布局，主题公园项目选址应当符合土地利用总体规划和城市、镇总体规划以及相关专项规划。主题公园的规划应统筹考虑主题公园项目游客众多、人员密集的特点，合理规划选址布局，避免与住宅等人员密集区域交叉叠加。在主题公园周边地区，合理规划酒店、餐饮、购物、娱乐等服务设施建设，在主题公园园区内，要合理配套商业设施用地面积，不得擅自改变园区土地用途，严禁进行酒店、大型购物中心等房地产开发。

（二）系统科学的规划设计

有人说，产品是“躯壳”，设计是产品的“灵魂”。产品设计得好才能在市场上大放异彩，才能在激烈的市场竞争中占有一席之地。从某种意义上说，旅游项目也是一种商品，旅游项目的建设者和经营者想要将旅游项目成功地推销给广大消费者，也离不开旅游项目科学、合理的规划设计。

以北京市密云区的古北水镇为例，该项目规划的目标即为背靠原有的中国最美、最险的司马台长城，配合明清及民国风格的山地四合院建筑，打造“长城+古镇”的雄伟自然、文化景观混合的历史人文风景区。在具体的业态规划上，古北水镇景区以北方古水镇为基底，打造文化展示体验、特色住宿、商务会议、日常配套等业态，从而提高参与性和体验性。古北水镇景区可以分为几大板块：文化展示体验区，包括小型博物馆、书院、镖局、染坊、商街等传统工艺、游玩区域；特色住宿，包括1家五星级酒店，3家精品酒店，400余间民宿，总共约1500间客房；商务会议，包括两个大型会议中心；日常生活配套，包括银行、邮局、菜场、超市、书店等。另外，从功能分区上，古北水镇包含景区主体和司马台长城两大板块，景区主体主要包括：民国街道、水街历史风情区、卧龙堡民俗文化区、汤河古寨区。可见，古北水镇旅游项目是一个综合、系统性的开发结果，并不是单一孤立的项目建设。在古北水镇的规划中，全面地考虑到了整个古北水镇各种旅游业态的分布与组合，从而形成了门票收入及包括酒店收入、商街消费收入等旅游经营收入在内的多元化的盈利构成模式，从而将古北水镇的盈利潜力充分地开发出来，由此更可见旅游项目规划设计的重要性。

在旅游项目的规划设计中，项目方要坚持文化和创意的核心元素，打造自己的旅游品牌。如前所述，旅游项目开发一是需要规划先行，要找到适合自身的规划开发模式，而切忌盲目复制开发；二是需要系统规划、整合开发，要发挥组合效应，合力发展；三是在规划设计中需要文化为先、创意融合。文化挖掘是在旅游项目规划设计阶段就必须重点考虑的问题。文化和旅游是密不可分的，挖掘旅游项目背后的文化就是在拓展旅游项目的厚度和生命力。我国作为拥有五千年历史的文明古国，悠久灿烂的文化深深地烙印在我们的基因中，挖掘旅游项目的文化内涵亦是应有之义。创意和品牌则是旅游项目能够脱颖而出，摆脱同质化实现差异化发展的基本手段。

我们再举一例，山东省是文化旅游大省，山东省在推进旅游项目建设时充分考虑到其具有的独特的文化优势，将博大精深的齐鲁文化转变为有说头、有看头、有玩头，以文化物、寓教于乐的文化旅游品牌，传承创新民族的优秀文化，提升旅游产业核心竞争力，打造了大家耳熟能详的“好客山东”旅游品牌，并且在不同的城市下根据其特点和独特的自然、历史风貌推出了不同的文化旅游子品牌，如东方圣地、仙境海岸、平安泰山、泉城济南、齐国故都、鲁风运河、水浒故里、黄河入海、亲情沂蒙、鸢都龙城等，形成了在国内外具有较高知名度和美誉度的文化旅游品牌集群。

二、环境保护

（一）旅游项目环保概述

环境保护是所有项目工程建设都必须关注的问题。旅游项目对于环境保护的关注度甚至更高，因为旅游项目依托的是生态旅游资源，旅游项目建设与环境密切相关，所以旅游项目建设需要更加重视环境保护。

具体来说，旅游项目的开发建设可能会对旅游项目所在地的水体、土地、空气等都造成一定程度的破坏。首先，水体容易遭到破坏。在旅游景区内，由于人员往来较多，并且人工活动、建设频繁，因此该区域的水源非常容易受到污染。伴随着旅游业的发展，景区日常运作、游客活动产生的污水、废水等，都会对景区的水体造成较大的影响。以浙江省临安市一个以农家乐旅游经营为主的村庄为例。在旅游旺季时期，该村庄每天排放污水量可达500吨之多，这显然将会对该地水源造成严重破坏。第二，土地容易遭受破坏。在旅游景区内，由于各种工程的建设，不仅景区内原本覆盖的植被被破坏，造成土壤的裸露，景区日常产生的垃圾废物也会对景区土壤造成污染。第三，空气和噪声污染。景区内往来的机动车辆会排放大量的尾气，造成空气的污染，车辆的鸣笛等还会影响到景区居民的日常生活。

针对建设项目可能对环境产生的破坏和污染，我国建立了建设项目环境影响评价制度，即对拟建项目可能造成的环境影响（包括环境污染和生态破坏，也包括对环境的有利影响）进行分析、论证的全过程，并在此基础上提出采取的防治措施和对策。国家根据建设项目对环境的影响程度对建设项目的环境保护实行分类管理。对环境可能造成重大影响的，编制环境影响报告书，对产生的污染和对环境的影响进行全面、详细的评价；对环境可能造成轻度影响的，编制环境影响报告表，对产生的污染和对环境的影响进行分析或专项评价；对环境影响很小，不需要进行环境影响评价的，应当填报环境影响登记表。对于应当编制环境影响报告书、环境影响报告表的建设项目，建设单位应当在开工建设之前将其报送有审批权的环保部门进行审批，获得环保部门的环评批复；未经审查或审查后未予批准的，建设单位不得开工建设；对于应当填报环境影响登记表的建设项目，应当将其送环保部门进行备案。

对于不同的旅游业态，《建设项目环境影响评价分类管理名录》确立了不同的环境影响评价规则。例如对于宾馆、酒店等，除建筑面积5万平方米及以上的或者涉及环境敏感区的（如自然保护区、风景名胜区、世界文化和自然遗产地、海洋特别保护区、饮用水水源保护区等），需要编制环境影响报告表以外，其他的只需要填写环境影响登记表；对于高尔夫球场、滑雪场、狩猎场、赛车场、跑马场、射击场、水上运动中心，除了高尔夫球场需要编制环境影响报告书外，其他需要编制环境影响报告表；对于展览馆、博物馆、美术馆等，除占地面积3万平方米及以上的需要编制环境影响报告表，其他的只需要填写环境影响登记表；对于公园类（含动物园、植物园、主题公园），除了特大型、大型主题公园需编制环境影响报告书外，其他需要编制环境影响报告表；对于旅游开发项目，除缆车、索道建设、海上娱乐及运动、海上景观开发需要编制环境影响报告书，其他需要编制环境影响报告表。

此外，旅游项目建设者还需要按照环保部门的相关批复等，在具体的旅游项目建设过程中，落实环境保护要求，比如环保设施与建设主体工程同时设计、同时施工、同时投入使用的环保“三同时”制度。

（二）特殊区域的旅游项目环保要求

《自然保护区条例》规定，在自然保护区的实验区可从事旅游等活动，但不得建设污染环境、破坏资源或景观的生产设施；建设其他项目，其污染物排放不得超过国家和地方规定的污染物排放标准。

《风景名胜区条例》规定，在风景名胜区内进行建设活动的，建设单位、

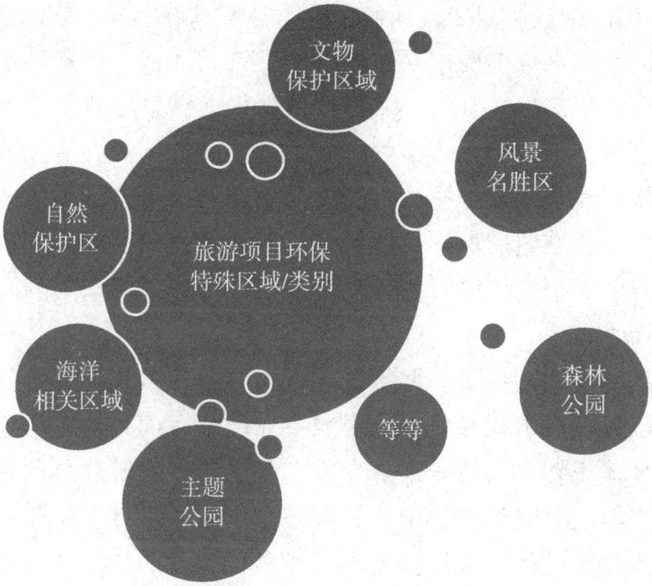

旅游项目环保特殊区域 / 类别

施工单位应当制定污染防治和水土保持方案，并采取有效措施，保护好周围景物、水体、林草植被、野生动物资源和地形地貌。

《国家级森林公园管理办法》规定，国家级森林公园内建设项目的废水、废物处理和防火设施应当做到“三同时”，即同时设计、同时施工、同时使用。在国家级森林公园内进行建设活动的，应当采取措施保护景观和环境；施工结束后，应当及时整理场地，美化绿化环境。在国家级森林公园内禁止未经处理直接排放生活污水和超标准的废水、废气，乱倒垃圾、废渣、废物及其他污染物。

《关于规范主题公园建设发展的指导意见》规定，严禁违规在自然保护区、文化自然遗产、风景名胜区、森林公园和地质公园、饮用水水源保护区、重点及重要生态功能区，以及其他生态保护红线区域选址建设主题公园。主题公园建设应依法履行环境影响评价程序，采取严格的生态环境保护措施，严禁破坏生态环境。

《文物保护法》规定，在文物保护单位的保护范围和建设控制地带内，不得建设污染文物保护单位及其环境的设施，也不得进行可能影响文物保护单位安全及其环境的活动。

《海洋环境保护法》规定，任何在中国管辖海域内从事旅游活动的单位和个人，都必须遵守该法。国家在重点海洋生态功能区、生态环境敏感区和脆弱区等海域划定生态保护红线，实行严格保护。国家建立并实施重点海域排污总量控制制度，确定主要污染物排海总量控制指标，并对主要污染源分配排放控制数量。直接向海洋排放污染物的单位和个人，必须按照国家规定缴纳排污费。在依法划定的海洋自然保护区、海滨风景名胜区、重要渔业水域和其他需要特别保护的区域，不得从事污染环境、破坏景观的海岸工程项目建设或其他活动。

以上只是简单地列举了一些特殊区域的旅游项目环境保护要求。这些地区的旅游环境保护要求往往比普通区域更加严格，而且这些环境保护要求往往和区域的具体规划、功能分区等是紧密联系的，旅游项目的建设者不仅仅是在具体的旅游项目建设过程中，甚至是在规划、设计等阶段，就必须考虑到旅游项目所在区域的环境保护要求，考察拟建设的旅游项目是否能够满足当地的环境保护要求，否则旅游项目将难以在当地落地；即使侥幸能够落地，未来的发展运营也将面临着巨大的不确定性。试想即使没有遭受政府的严厉惩处，在各种媒体的曝光和猛烈抨击下，消费者会愿意体验有环保污点的旅游项目吗?

第三节　旅游项目建设问题

一、建设模式

（一）政府自建

旅游项目可以采取政府自建的模式。政府自建项目，系指政府（如乡镇政府、街道办事处、开发区、园区管委会）或其下属的国资平台等作为建设主体，进行旅游项目的建设。政府自建模式目前适用得比较多的是一些小型的旅游建设项目，例如地质公园内的地质博物馆、城市内同时可供居民休闲和游客游览的公园等等。这些旅游建设项目均具有很强的社会公益性质，主要依靠政府的财政投入。当然这些项目本身的特点也决定了其并不过多地参与旅游行业的商业竞争，因此并无太大的盈利风险，比较适合政府以其财政资金自主建设。另外，政府自主建设的旅游项目还有一个特点，其规划、审批等推动进展通常比较迅速且顺利。因其具有公益性的特征，因此政府往往会将其作为年度内的重点建设项目推进并予以大力支持。该模式可能并不适合特色小镇这类需求资金巨大，并且盈利存在风险的旅游项目。对于投入动辄数十亿的特色小镇项目，显然仅靠政府财政资金是无法做到的，并且政府也承担不起特色小镇亏损的巨大风险。

（二）企业代建（如BT模式）

2004年7月颁布的《国务院关于投资体制改革的决定》提出，在政府投资项目中要推行“代建制”管理，即通过招标等方式，选择专业化的项目管理单位负责项目的建设实施，严格控制项目投资、质量和工期，建成后移交给使用单位。

BT模式是英文“Build（建设）”和“Transfer（移交）”的缩写形式。BT模式即“建设—移交”模式，是指政府在确定项目建设方案之后，通过公开招标等形式确定工程项目的代建方；代建方在工程建设阶段行使业主的职能，对项目进行融资（政府可对该项目的融资提供一定的支持）、建设并且承担建设的风险；在项目建设完成之后，代建方无经营权，将该完工项目移交给政府；政府再按照约定的合同价款一次性或者分期地支付给代建方。一般情况下，旅游项目适用该模式的主要是一些基础设施类的工程项目，比如隧道、旅游大道等设施。例如，2012年荥阳市政府将1.98亿的荥阳市环翠峪旅游大道改建工程交由郑州海龙实业有限公司、华盟路桥建设有限公司代建。

企业代建对于政府方的主要优点在于可以缓解其短期内的资金压力，可待项目建成后再一次性或分期支付合同价款，而事先只需要给予代建方一定的贷款等作为项目融资、开发、建设的支持。此外，由于引入的代建方往往是专业的工程建设机构，熟悉基建程序和市场，具有专业管理知识，因此引入代建方可以提高工作效率，节约项目建设成本。另一方面，对于代建方来说，代建完成后将项目移交给政府，代建方并不拥有项目的运营权，而是直接向政府收取合同约定价款，所以不像BOT模式（详见下文）项下的建设方通过运营项目来“回本”。旅游项目运营收益可能受到多种因素的影响，具有不确定性。鉴于既不存在上述不确定性再加上政府的信用担保，代建模式对于代建方来说一般没有太大的风险。

（三）政企合作（如BOT模式）

PPP（Public-Private Partnership）模式，即政府和社会资本合作，是目前比较流行的基础设施中的一种项目运作模式。BOT模式是其中具有代表性的一种，即“Build-Operate-Transfer，建设—经营—移交”，是指政府将相关旅游项目交由社会企业建设，并给予其一定期限的许可经营权，企业待旅游项目建成后对项目进行特许经营，在此过程中企业可依靠经营收益收回建设成本，待经营期限届满以后再将旅游项目移交给政府方。该模式目前在一些特色小镇的建设、城市主题公园等建设中被采用，例如额尔古纳市湿地冰泉小镇、晋中三晋乐园、扬州光线（扬州）中国电影世界、茂名水东湾海洋公园等。这些项目设施的建设往往投入大、建设周期比较长，开发资金不足的问题比较突出。

该模式的主要特点是，政府在此模式下往往会负责定位、规划、审批服务，从而可以加快项目的建设进度，而如果仅由企业自己主导，项目推进的速度可能会慢得多。此外，在该模式下，政府只需要授予旅游项目建设单位一定期限内的特许经营权并提供相应的规划、审批等方面支持，而无须向建设单位支付工程价款，这就大大缓解了政府财政的资金压力。当然，该模式对于旅游项目的建设者也存在一定的风险，因为旅游项目建设者的收益来自于对旅游项目的运营，而旅游项目运营收益可能会受到各种因素的影响，比如季节的影响（旅游项目通常存在旺季和淡季之分）、周边市场的影响（例如在上海迪士尼乐园开园之后，200公里之外的常州中华恐龙园的业绩就受到了较大影响）等等。因此，旅游项目绝对不是旱涝保收的，这就要求旅游项目的建设者在前期做好充分的市场调研和设计规划等工作，科学分析调研之后再进入相关的旅游项目。

以上并非旅游项目建设过程中的所有类型，而是在实践中出现比较多的旅游项目的建设模式，我们由此可对旅游项目的主要建设模式及特点有一大致了解。

二、审批与监管

一个旅游项目从立项、规划、建设再到竣工验收，将经历众多复杂的政府审批和监管程序。下文将对旅游项目建设相比于一般的工程项目建设所面临的一些特殊的审批和监管事项作一简单介绍。

《在国家级自然保护区修筑设施审批管理暂行办法》规定，在国家级自然保护区修筑设施的单位或者个人应当向国家林业局提出申请，提交相关申请材料，由国家林业局作出是否准予修筑设施的行政许可决定。由此，在国家级自然保护区内进行旅游项目建设，需要获得国家林业局的批准。

《风景名胜区条例》规定，在风景名胜区相关禁止范围以外的建设活动，应当经风景名胜区管理机构审核后，依照有关法律、法规的规定办理审批手续。在国家级风景名胜区内修建缆车、索道等重大建设工程，项目选址方案应当报省、自治区人民政府建设主管部门和直辖市人民政府风景名胜区主管部门核准。此外，各个风景名胜区也可能有其各自的管理条例并规定了区内项目建设的相关要求。例如《杭州西湖风景名胜区管理条例》规定，西湖风景名胜区管委会负责风景区的规划、土地、房产、建设管理的有关工作；在风景区内禁止新建、扩建宾馆、度假村等，禁止新建、改建、扩建索道、缆车、大型体育设施和游乐设施等；符合规划的相关建设项目，由风景名胜区管委会同规划行政主管部门共同提出意见，经过市政府核准后按规定程序报批后，方可办理立项等手续。

地质公园内的旅游项目建设往往也需要经过地质公园管理机构的审查，再按规定的建设程序进行报批。例如《泰山地质公园地质遗迹保护管理办法》规定，地质公园范围内涉及地质遗迹保护的建设项目，地质公园管理机构审查时，应征求国土资源行政主管部门的意见，再按规定的建设程序报批。

如果旅游项目建设涉及文物保护单位，则可能需要对文物进行原址保护，应根据文物保护单位的级别报相应的文物行政部门批准；未经批准的，不得开工建设。无法实施原址保护，必须迁移异地保护或拆除的，应报省、自治区、直辖市人民政府批准；迁移或拆除省级文物保护单位的，批准前需征得国务院文物行政部门同意。全国重点文物保护单位不得拆除；需要迁移的，须由省、自治区、直辖市人民政府报国务院批准。文物保护单位的修缮、迁移、重建等，需要由取得文物保护工程资质证书的单位承担。

根据《世界自然遗产、自然与文化双遗产申报和保护管理办法》的规定，世界遗产地内的建设项目，应当依法履行有关审批程序。在世界遗产地及其缓冲区范围拟建设缆车、索道等对遗产地突出价值可能造成较大影响的重大建设工程项目的，应当依据《世界遗产公约操作指南》第172条的要求，至少在项目批准建设前6个月将项目选址方案、环境影响评价等材料经住房城乡建设部按程序告联合国教科文组织世界遗产中心。

主题公园的建设需要特别关注的一点是，主题公园根据占地面积和总投资的不同，分为特大型主题公园（总占地面积2000亩及以上或总投资50亿元及以上）、大型主题公园（总占地面积600亩及以上、不足2000亩或总投资15亿及以上、不足50亿）和中小型主题公园（总占地面积200亩及以上、不足600亩或总投资2亿元及以上、不足15亿元）。特大型主题公园项目需要国务院核准，其余项目由省级政府核准。

涉及海域的旅游项目建设，根据《海洋环境保护法》的规定，需要区分海岸工程建设项目与海洋工程建设项目，前者由环境保护主管部门批准环境影响报告书（表），并且需要在先征求海洋、海事、渔业主管部门和军队环境保护部门的意见；后者则由海洋行政主管部门批准海洋环境影响报告书（表），并且需要在先征求海事、渔业主管部门和军队环境保护部门意见，且海洋工程建设项目的环保设施必须经过海洋行政主管部门验收，否则建设项目不得投入使用。

如前所述，旅游建设项目往往会涉及一些特殊的区域，在这些区域进行旅游项目的建设时，项目的建设者不仅需要了解普通工程项目建设的一般流程、审批监管等，还需要了解这些特殊区域可能存在的特殊的管理规范。因为在这些区域内，相关的审批、监管部门可能均与普通的工程项目建设有所不同，可能会对旅游项目的建设产生一定的影响，因此，旅游项目的建设者需要对此有一定的敏感度，能够根据不同的区域特点对项目的建设进行准确的把握。

三、旅游综合体——旅游项目建设的趋势

旅游综合体是指基于一定的旅游资源和土地资源，以旅游休闲为导向进行土地综合开发而形成的，以互动发展的度假酒店集群、综合休闲项目、休

闲地产社区为核心功能构架，整体服务品质较高的旅游休闲聚集区。相较于传统单个的旅游项目开发建设，旅游综合体不管在功能、业态以及项目类型上等都更为丰富，并且旅游综合体具备更强大的吸引能力，在推进产业聚集、经济发展，加快城市化进程方面具有独特作用。此外，旅游综合体所形成的度假区、会展区、娱乐区、商街、旅游小镇等形态，会进一步推动区域旅游地产和商业地产的发展。

目前，旅游综合体的建设已经成为旅游项目建设的一大趋势，经常成为地方政府招商引资促进当地旅游、经济等方面发展的重头戏，是目前有实力的投资者重点关注的投资建设选项。

旅游综合体发展的背后是旅游消费模式升级、景区发展模式升级、地产开发模式升级等共同作用的结果，其演进表现为从过去的单一观光旅游到如今的综合休闲度假，从过去的单一开发到如今的综合开发，从过去传统住宅地产到综合体休闲地产开发。旅游综合体依据其依托的主要资源和产品等，可以分为主题公园综合体（如北京华侨城、深圳华侨城）、滨海旅游综合体（如海南清水湾）、文化创意旅游综合体（如杭州南宋御街）、休闲商业旅游综合体（如上海新天地、北京什刹海）等等。

目前，投资进行旅游综合体建设的多以开发商为主，近年来包括万达、华侨城、恒大、华润、观澜湖等地产开发商纷纷涉足旅游综合体的建设。例如，万达投资建设了武汉的楚河汉街，按照文化、旅游、商业、商务、居住五大功能规划设计并设置了剧场、电影城、电影文化公园、名人广场、大戏台、蜡像馆、文华书城、画廊等文化项目，打造世界文化旅游项目。再如华侨城打造的深圳东部华侨城，是国内首个集休闲度假、观光旅游、户外运动、科普教育、生态探险等主题于一体的大型综合性国家生态旅游示范区，包括大峡谷生态公园、茶溪谷休闲公园、云海谷体育公园、大华兴寺、主题酒店群落、天麓大宅等板块。

旅游综合体建设的盈利来源包括：其一，出售或出租房产。以深圳华侨城为例，先投入巨资专注于建设大型旅游项目，开发营造具有影响力的旅游景观景区，改善景区的基础设施等，提升景区知名度和人气值，把景区打造成旅游旺地，景区附近的地产自然因此升值，然后再在旅游区附近进行房地产开发获利。其二，土地二次转让或合作开发获利。旅游综合体往往建设在远离市中心的位置，地价相对较低，通过前期的开发建设提升土地价值，然后进行土地转让和合作开发获得土地的增值。第三，旅游项目提供现金流，如通过景区门票、景区休闲产品获得现金流。不过，这种现金流通常并不是投资者盈利的主要来源。例如，根据福布斯的报道，迪士尼乐园的门票收入也就刚好覆盖其运营成本而已。第四，衍生及附属产品，如酒店、饮食、文化衍生品等等。例如上海迪士尼乐园在开业后一年便实现盈利，据报道，其收入来源主要为门票收入（两成左右）、食品饮料和纪念商品销售收入、酒店过夜收入、邮轮旅游收入，以及俱乐部租赁和销售收入等。

总的来说，在城市空间越来越有限的情况下，如何更好、更有效益地发展旅游业成为地方政府面临的难题，而旅游综合体的出现给地方政府提供了一种新的旅游城镇化的发展方式，对提升城市品牌形象和推动旅游业转型升级具有重要的意义。因此，旅游综合体的投资与建设应当是具有一定发展前景的新的旅游项目建设方式。

四、旅游项目建设防房地产化

对于旅游项目的建设者来说，切勿完全以投资房地产的心态来参与旅游项目的建设。针对目前旅游项目建设中的房地产化现象，尤其是一些特色小镇、主题公园建设中出现的房地产化，政府已经意识到该问题的严重性，并出台了相应规范要求对此进行严格控制。

2017年12月4日，国家发改委、国土资源部、环境保护部、住房城乡建设部联合出台《关于规范推进特色小镇和特色小城镇建设的若干意见》，要求严控特色小镇的房地产化倾向，要求各地区综合考虑特色小镇和小城镇吸纳就业和常住人口规模，从严控制房地产开发，合理确定住宅用地比例，并结合所在市县商品住房库存消化周期确定供应时序；要求科学论证企业创建特色小镇规划，对产业内容、盈利模式和后期运营方案进行重点把关，防范“假小镇、真地产”项目。据2017年6月12日《经济日报》披露报道，位于珠三角的某房地产企业借“科技小镇”概念推动产业地产，获得了当地政府大量土地资源的支持；另一案例是位于长三角的某房地产企业在大城市周边建设的“农业小镇”，但是令人吃惊的是，该小镇2平方公里农业区配套了1平方公里的建筑区，并计划承载3万人，这显然是典型的“假小镇、真地产”项目。

无独有偶，2018年3月9日，国家发改委等五部门也联合出台了《关于规范主题公园建设发展的指导意见》，要求严控主题公园建设房地产倾向，要求各地区严格控制主题公园周边的房地产开发，从严限制主题公园周边住宅用地比例和建设规模，不得通过调整规划为主题公园项目配套房地产开发用地。主题公园周边的酒店、餐饮、购物、住宅等房地产开发项目，必须单独供地、单独审批，不得与主题公园捆绑供地、捆绑审批，也不得通过在招拍挂中设置条件，变相将主题公园与周边房地产捆绑开发。对拟新增立项的主题公园项目要科学论证评估，严格把关审查，防范“假公园真地产”项目。事实上，在过去很长一段时间内，得益于独特的文化旅游项目的拿地模式，企业通过参加政府主题公园项目整体建设招标，获取项目开发权，之后再通过招拍挂获取主题公园建设所需土地，除此之外，还一并取得相关住宅和商业项目，如此获得的土地资源价格远远低于市场平均价格。然而，上述该主题公园新政的出台，将主题公园开发与房地产彻底割裂，“主题公园+地产”的开发模式也走到了终点。

旅游项目建设之所以出现过度的房地产化，一方面与一些地方政府错误的政绩观念相关。这些地方政府盲目从众地推进特色小镇、主题公园的建设，以数量论英雄，不顾各地区的具体情况，迫切引进实力投资者进行建设，从而放松了相关审批和监管要求，并给予了很多不合理的优惠政策。另一方面，一些企业自身也有不可推卸的责任。由于这些项目的拿地成本比较低，企业以既有投资房地产的心态一拥而上，但是并没有结合企业发展的整体目标规划及旅游项目投资建设的特点。另外，这些企业往往也没有考虑到背后可能存在的风险，比如政府政策调整、缩紧等可能对企业现有投资建设项目的影响。事实上，旅游项目在一定程度上有其内在的房地产开发需求，比如供区域内居民居住。但是，房地产开发绝对不是旅游项目建设主要的目的。房地产开发应当是旅游项目建设中占比较小的配套措施，而不应该是其主流，所以面对目前旅游项目建设中存在的过度房地产化现象，国家推行高压调控政策是意料之中的。同时，这也为仅盯着旅游项目“大蛋糕”并意图以原有房地产开发操作手法进行旅游项目开发建设的房地产开发商们敲响了警钟。

选择什么样的项目进入，选择什么样的产业结构和盈利模式，如何将项目定位主题化、差异化，如何从“假旅游、真地产”的过度房地产化的开发模式过渡到倚重项目运营、强化产业链运作的发展模式等等，应该逐渐成为该领域“玩家”们需要认真思考和谨慎面对的重要问题。

五、旅游项目建设与国家公园

国家公园的概念最早产生于美国，世界上第一个现代意义的国家公园便是成立于1872年的美国黄石国家公园。目前已经有一百多个国家建立了国家公园。

2017年9月26日，中共中央办公厅、国务院办公厅印发了《建设国家公园体制总体方案》的通知，提出“国家公园是指由国家批准设立并主导管理，边界清晰，以保护具有国家代表性的大面积自然生态系统为主要目的，实现自然资源科学保护和合理利用的特定陆地或海洋区域”，并提出到2020年，建立国家公园体制试点将基本完成，整合设立一批国家公园，国家公园总体布局届时也将初步形成。目前，已有包括北京八达岭、青海三江源、湖北神农架等10个国家公园体制试点地，有专家预计未来中国的国家公园总数可能在60～200家左右。

根据该方案，国家公园建立后，将由一个部门统一行使国家公园自然保护地管理职责，在相关区域内一律不再保留或设立其他自然保护地类型，目前分头设置的自然保护区、风景名胜区、文化自然遗产、地质公园、森林公园等体制将被改革优化。

国家公园坚持生态保护第一，实行最严格的保护，但是这并不意味着国家公园将排除旅游开发，方案提出国家公园“严格规划建设管控，除不损害生态系统的原住民生产生活设施改造和自然观光、科研、教育、旅游外，禁止其他开发建设活动”，“引导当地政府在国家公园周边合理规划建设入口社区和特色小镇”，“研究制定国家公园特许经营等配套法规”等等。

由此可见，国家公园内允许不损害生态环境的旅游开发活动，并且在其周边将建设入口社区和特色小镇，这些都为旅游项目投资建设者提供了广阔的平台，并且未来国家公园内的旅游开发建设活动预计将受到统一部门的管理，这也将影响到国家公园旅游项目建设的审批监管等环节。

由于关于建立国家公园体制的方案仍在小范围试点，目前并无出台相对细节性的实施方案，并且这其中还涉及各部门之间管理关系的理顺等，预计离真正在全国建立起国家公园的体制仍有一段时间。不过，鉴于国家公园在我国的建立是顶层设计的重要目标之一，因此，旅游项目的建设者有必要追踪了解这一变化，并对其未来可能给旅游项目建设的规划、立项、审批、监管等各环节造成的影响做好相应的准备。

第六章 旅游项目的运营

旅游项目的运营模式是指运营主体将一定时间和空间范围内的旅游资源转化为旅游产品或提供旅游服务的过程。旅游项目的运营主体、资源类型，以及经营方式的搭配组合形成了多种不同的运营模式。此外，不同旅游项目根据其自身资源特点开发形成了不同的收益模式。本章将通过对目前旅游项目运营方面不同的运营模式及收益模式进行介绍和比较，进而总结在旅游项目运营过程中容易发生的相关风险，并针对具体风险提出相应的防范建议。

第一节 旅游项目的运营模式

旅游项目的运营是运营主体、资源类型及经营方式有机结合的产物。不同的旅游项目，运营主体、资源类型及其经营方式可能都会有所不同。

就运营主体而言，主要存在政府主体运营、民间主体运营，以及混合主体经营等多种存在形式；就资源类型而言，旅游项目所依托的旅游资源可以分为地文景观、水域风光、生物景观、文物遗址、建筑与设施等多种类型[①]；就经营方式而言，不同产业项目所有权与经营权的分离程度和方式可能有所不同，有的项目所有权人完全自主经营、自负盈亏，有的项目则实现了所有权与经营权不同程度的分离，并衍生出委托经营、租赁经营等多种经营形式。

运营主体、资源类型以及经营方式等多方面因素的不同搭配组合，形成

① 国家标准化管理委员会. 旅游资源分类、调查与评价［Z/OL］. http://www.gb688.cn/bzgk/gb/newGbInfo?hcno=B8AFA5B524438117E00F3BC259B6831C.

了旅游项目项下不同的运营模式。通过对国内外旅游项目理论及实践的比较研究，本节将常见旅游项目的运营模式归纳为五大类，并将对相关运营模式的特点、优势及劣势进行介绍。

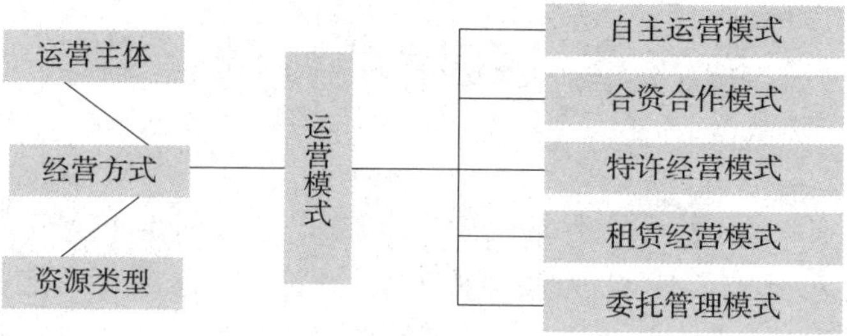

几种典型运营模式

一、自主运营模式

自主运营模式，一般是指旅游项目所有者自主成立项目管理公司，对旅游项目进行自我经营与管理的运作方式。在该种模式下，所有权人即经营权人，项目运营表现出所有权与经营权高度统一的特点。

旅游项目的运营涉及面较广，主要包括战略定位、营销宣传、财务运营、人事管理、安全运营以及环境保护等几个方面。因此，运营所涉及的各种关系也相对更为复杂。就外部关系而言，可能包括与供应商的关系、与消费者的关系、与债权人的关系等；就内部关系而言，主要包括股东之间的关系、管理层与员工之间的关系，以及项目公司与员工之间的劳动关系等。在不同的关系中，旅游项目所有权人需要分别扮演不同的角色，也需要处理好与不同主体之间的各种经济或法律关系。

在自主运营模式下，旅游项目的所有者拥有对项目运营完全的控制权，可以有效地实现对旅游项目运营各方面的控制和管理。自主运营模式广泛应用于国内旅游项目，特别是在国家所有的自然景区、文物古迹等旅游产业形态中，自主运营模式占据着很大的比重。其主要原因在于，针对诸如自然景区、文物古迹等稀缺资源，无论何种形式的开发与运营均会对该类不可再生资源造成一定程度的破坏，而在自主运营模式项下，国家完全控制并对旅游资源的经营进行有效管理和监督，避免资本逐利的过度开发，继而尽量避免和减少相关稀缺资源遭受不可逆转的损失。

然而，在完全自主运营模式下，旅游项目的所有权与经营权难以实现分离。其典型表现形式之一即“政企不分”，在完全政府垄断经营的情况下，旅游项目往往因缺乏淘汰机制而导致竞争力与活力低下，缺乏民营资本的参与也容易产生开发和维护资金短缺、基础设施和服务落后，以及旅游产品单调等问题。因此，随着市场化经营的推广，纯粹的自主运营模式正越来越少地应用在旅游项目中。不同旅游项目的经营权在不同程度上出现转让、出租等多种与所有权分离的形式，从而为众多自然景区等旅游项目的开发与运营带来了巨大的市场活力和盈利能力。同时，旅游项目自身盈利能力的提升，也一定程度上提升了旅游项目自身的维护能力，有助于开发与保护的协调与平衡。

尽管政企不分情形下的自主运营模式存在着诸多弊端，但自主运营模式本身并非代表着落后的经营模式。相反，在一些已经迈入成熟发展阶段的旅游项目及自我具备完善管理能力的旅游项目中，如果旅游项目开发者本身具有较强的项目管理和运营能力，反而可以实现更为良好的运营效果。在所有者自身可以实现良好运营的前提下，自主运营模式省却了将经营权让渡给他人所带来的不必要的分权，同时也可以大大节省成本和开支。但旅游项目具有涉及面广、体系庞杂等特点，旅游项目的运营也可能涉及各种其他产业类型的运营。就现阶段的运营状况而言，一个大型旅游项目的所有者很难在方方面面都亲力亲为，做到完全的自主运营，因此，一定程度上经营权的转让更有利于发挥不同运营主体在不同领域的相对优势，从而实现整体旅游项目的盈利最大化。

二、合资合作模式

合资合作模式，通常指投资者通过合资或合作等方式，将各自的优势资源（如资金、技术、经验等）进行整合，从而进一步提升旅游项目运营水平和核心竞争力的模式。国内现阶段的合资合作一般指的是政府和民间资本的合作，以及内资和外资的合作方式，即政企合作模式，以及中外合资等模式。

在政企合作模式下，一方面能利用政府的行政资源，减少动迁等工作的风险，同时也能享受一定的便利性；另一方面，可充分发挥社会资本的资金优势、管理经验及资源整合的能力，有效降低项目运营成本和提高经济效益，也因此减轻了政府的财政负担，进一步建立了良好的利益分享机制，充分调动了地方政府和民间投资者的积极性。

现在逐渐兴起的BOT（Build-Operate-Transfer，即建设—经营—移交）、BOO（Build-Own-Operate，即建设—拥有—经营）等模式，即是政企合作的具体表现形式。例如，在BOT模式下，政府将具体旅游项目开发、建设及经营权限授予民间企业，并收取一定的利润回报，民间企业在一定经营期限届满之后，再将相关项目无偿或低价移交政府。在这个过程中，民间资本的积极性得以调动，政府的资源优势也得以发挥，最终实现旅游项目的良好运营。在另一些项目中，政府凭借其资源优势独立完成项目开发与建设，然后转让给民间企业，并由民间企业进行运营，就形成了BTO（Build-Transfer-Operate，即建设—移交—经营）的运营模式。

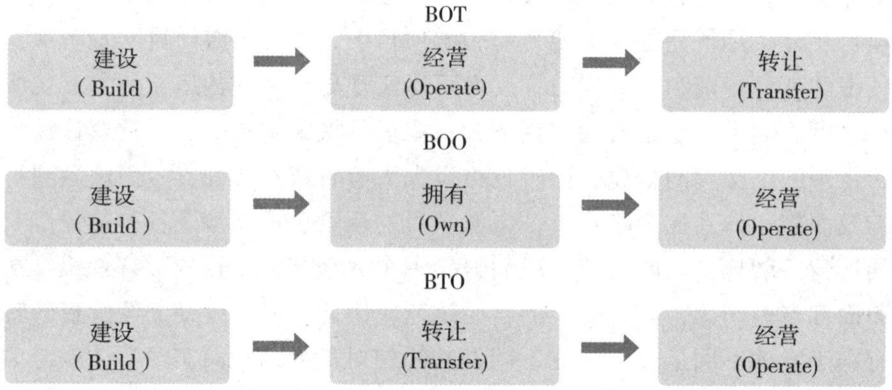

BOT、BOO、BTO 模式对比

另外，政府也可以通过股权投资的方式参与旅游项目的治理与运营。随着旅游产业的发展，特别是在一些以旅游产业为支柱产业的地区，政府机构或多或少会以投资者的角色参与到旅游项目中来，成为旅游项目的股东之一。旅游项目本身也可以借助于政府的资源优势得到更好的政策支持和发展机会，从而实现政府收入与项目运营本身的共赢。

在政企合作模式下，尽管可以借助于政府的优势资源，但一定程度上的政府干预也将不可避免。诚然，在某些涉及自然资源和环境保护的旅游项目中，一定程度上的政府干预是必须的，这也有利于在项目运营过程中兼顾环境保护和资源的合理开发。但是，如果政府过多不恰当地干预旅游项目的具体运营，则可能无法充分利用民间资本在运营管理方面相对先进的专业经验和能力，从而可能会对旅游项目本身的运营造成不利影响。那么，在该模式下，如何划分政府与运营主体之间的权限，以及如何处理政府与旅游项目运营之间的各种关系，决定了该模式能否最终成功适用。

在中外合资模式下，旅游项目借助于合资方雄厚的资金规模及先进的管理经验，可以在更短时间内科学高效地完成相关基础设施建设，并投入运营。与政企合作模式相比，中外合资模式项下的合作形式更为灵活。借助于本土资源和先进管理经验及品牌文化的有机整合，中外合作开发的旅游项目更富有市场经济活力。而当政企合作、中外合资等多种合作形式交织在一起，则可能为旅游项目带来更大的资源优势。例如，上海迪士尼乐园即为多种类型资本融合的典型代表之一。2016年6月16日，造价55亿美元的上海迪士尼乐园盛大开园，首日客流保守估计接近3万人次。上海迪士尼的投资模式为合资形式，由迪士尼出资43%，中国四家企业共出资57%。锦江投资、上海文广集团、陆家嘴集团和上海百联集团四家公司设立了上海申迪集团；上海申迪集团与华特迪士尼共同投资设立业主公司与运营公司。多元化的当地合作方股东背景，更有利于迪士尼在酒店、购物、房地产开发等配套设施的经营建设及当地地缘媒体的造势推广。

诚然，在合资模式下，外国投资者在项目运营方面的经验可以为旅游项目运营提供良好的“软实力”支撑，但外来文化与本土文化的冲突与融合却是大型合资项目都需要考虑并妥善解决的问题。特别是随着文化旅游的兴起，国内旅游项目对于传统文化的重视和应用程度越来越高。在此形势下，对外来管理经验和文化产品进行引进的同时，也一定要注意与本土文化进行有机融合，特别是根据国内旅游消费的特点和消费者不断升级的消费需求进行相应的变通和调整。

三、特许经营模式

通常来讲，特许经营是指特许方将其商号、商标、服务标志、商业秘密等在一定条件下许可给被特许方，允许其在一定区域内从事与特许方相同的经营业务[①]。例如在酒店领域，特许经营一般指酒店品牌所有者将特定酒店品牌的商标、名称、标志等授权给酒店业主使用，并收取相应的特许经营费或商标许可费等报酬。在其他旅游项目中，同样存在类似形式的特许经营模式。一般来讲，根据特许权来源的不同，特许经营可以分为政府特许经营和商业特许经营两种类型。例如，在某些风景名胜区中，政府将特定服务（如物业管理、餐饮服务等）的运营权限特许给具有一定优良资质的企业，由这些企业负责特定领域或区域服务，这样的模式就属于政府特许经营；而在某些主题公园项目中，品牌所有者将其彰显品牌价值的商标、商号等许可给项目使用，并收取相应的特许经营费，则可以称之为商业特许经营模式。两者尽管名称类似，但在诸多方面均有所区别。

政府特许经营一般是指在政府（管理机构）严格控制、科学规范的前提下，通过一定的准入机制，选择信誉良好、服务规范、人员素质较好的队伍进入旅游项目，从事与环境和资源保护关系不密切的属于公共服务领域内的经营活动，如物业管理、清洁卫生、餐饮服务、商业服务、电力通信等[②]。政府特许经营模式可以视为政府利用旅游项目资源的所有权与企业资本相结合来发挥旅游项目资源潜在价值的一种运营模式，因此，政府特许经营在本质上也属于政企合作的一种模式。但是，在该合作模式下，政府与企业之间并非平等的民事关系，而是特许者和被特许者之间的不平等关系。在该模式下，实际上是以管理权控制经营权的一种管理方式，被特许者拥有被特许范围内从事具体运营活动的权利，但不拥有旅游项目的管理决策权，并且要受到特许者政府等管理机构的监督。基于政府特许经营模式的以上特点，出于平衡资源保护和项目开发的考虑，诸多风景名胜区采用了政府特许经营模式，因为在该种模式下，旅游项目的运营是一种有限度的运营，是以保护资源、可持续性发展为必要条件的运营，既能一定程度上发挥市场自发配置的能动性，同时又能兼顾资源保护的需要，有利于风景名胜区等类型的旅游项目的可持续性发展。

与政府特许经营不同，商业特许经营模式，往往适用于追求品牌效应的主题公园、旅游酒店等旅游项目中。在该模式项下，特许方通过许可被特许方使用具有品牌价值的商标、商号而获得相应的特许经营费，被特许方则通

① 杜敏．国际贸易概论［M］．对外经济贸易大学出版社，2001．
② 李传旺．试论风景名胜区特许经营［J］．管理者论坛，2004 年第 10 期，第 9 页．

过使用具有特定价值的商标、商号来转化为相应的旅游产品和服务。商业特许经营一般倾向于经营模式固定化，因为不同品牌有其独特的品牌使用要求，成熟的特许授权体系也均会有对其品牌许可及使用的固定模式，一般不会因被特许方的变化而进行较大幅度的调整，否则其特许经营也失去了其固定化模式的意义。商业特许经营可以让旅游项目在初创阶段即可享受现成的品牌及其自身所带的良好商誉，同时在很大程度上可以获得特许方获得多方面的支持，如培训、选择地址、资金融通、市场分析、统一广告等。但正是因为在特许经营模式下存在一套完善、严谨的经营体系，这在一定程度上也会导致经营模式的僵化，在面临市场、政策的各种变化时，可能会出现守成有余、创新不足的情况。另外，尽管在特许经营模式下，双方权利义务通过特许经营合同进行了划分与确认，但在对外法律关系上，特别是涉及特许授权的商标等的纠纷，特许方和被特许方可能均无法置身事外。

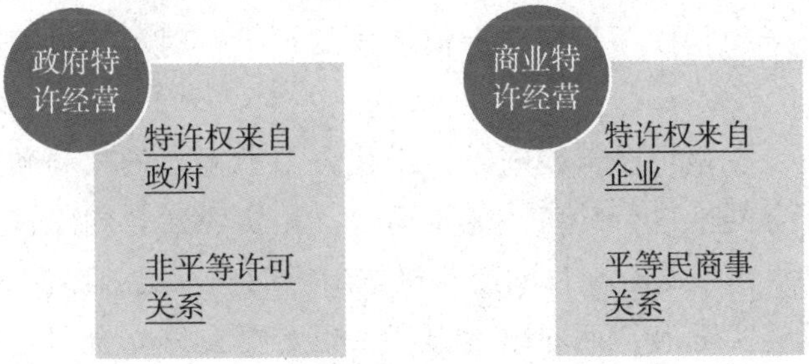

两种特许经营模式对比

总体而言，目前商业特许经营模式并未广泛适用于国内大型旅游项目中，风景名胜区的政府特许经营相对更为普遍。然而，随着文化旅游的发展及中外文化的不断融合，商业特许经营模式其本身的特点及优势也将为旅游项目的运营所逐步吸收和应用，有望成为一种具有竞争优势的旅游项目运营模式。

四、租赁经营模式

租赁经营模式，一般指旅游项目所有者与承租人之间，以租赁合同的方式约定双方的权利义务，所有者或有出租权限的主体将一定期间内的经营权出租给承租人并收取相应租金，而承租人在租赁期内经营旅游项目获得相应收益并支付租金的经营模式。

根据对外出租程度的不同，租赁经营模式可以分为部分租赁和整体租赁。顾名思义，整体租赁是指将旅游项目经营权全部出租给管理方，而部分租赁则指将旅游项目的某部分项目委托给管理方进行经营。

就租赁的不同形式，则可以分为经营性租赁和融资性租赁。在经营性租赁模式下，旅游项目的投资、建设等成本均由出租人承担，尽管一般租赁经营合同中也会为承租人设定一定的维护及损害赔偿义务，但设备正常损耗及不可抗力导致的灭失风险也均由出租人承担。在融资性租赁模式下，一般先由承租人自行联系建设旅游项目的相关设备、材料等，然后由出租人按谈妥的条件向供货人购买设备、房地产等。鉴于租赁设备及设施均由承租人选定，因此，一般情况下，出租人对于出租设备的保养、维护等都不负责任。另外，租赁期满后，对于相关设备、设施等，还可以进行二次处理。因此，融资性租赁经营模式，可以实现将资本与旅游资源融合的效果。对出租方而言，可以活化存量资产，是使项目资产保值增值的举措；对承租人而言，是解决资金短缺的有效途径。

如前所述，在租赁经营模式下，出租方与承租方的权利和义务关系主要通过租赁经营合同来进行约束。通常而言，租赁经营合同中首先需要出租方对于其有权出租相关旅游项目的经营权作出声明和承诺；而作为承租方而言，为保证合同能够实际履行而非事后追偿，也需要在订立合同之前对出租方的产权证明，以及出租方并非产权人但有权出租的相关证明进行必要的审查。合同主体内容则主要围绕租赁期间双方在经营、管理、监督以及收益分配等各方面权利和义务的分配进行约定。相较于委托管理模式，在租赁经营模式项下，旅游项目产权人的着眼点主要在于租金收入；而在委托管理模式下，产权人可能会想获得更多的监督权，甚至是参与项目管理的权利。相对应地，在委托管理模式下，鉴于管理人一般不会轻易承诺对经营业绩负责，因此也可能会让渡部分的管理权限给产权人，以此来减轻自身的经营责任及法律风险；而在租赁经营模式下，一般承租方需要支付固定或者一定比例的租金给出租方，经营的成果和业绩可能直接与其收益相关，因此，在管理权限上会要求更为广泛的授权，以此排除来自出租方的相关干扰，获得对旅游项目更为全面的经营权限。

位于四川盆地的阆中古城的旅游开发，即是将阆中古城的旅游资源租赁给浙江周庄开发商的一种开发模式。阆中古城项目由当地政府统一规划，授权一家企业较长时间控制和管理，成片租赁开发，垄断性建设、经营、管理该旅游景区，并按约定比例由景区所有者和出资经营者共同分享经营收益。这一开发模式避免了传统模式的不利因素影响，具备股份制模式的优势，适应于经济发展水平低、市场机制不完善、旅游产业不发达的地区开展古城的旅游开发，对国内其他类型的旅游项目的开发与运营具有借鉴意义。

租赁经营模式作为一种新型经营模式，是旅游项目经营活动中资本经营的方式之一，可以在有效结合资本与经营的同时，实现产业项目的保值增值，相信在未来的旅游项目融资与经营中可以得到更为广泛的适用。

五、委托管理模式

委托管理模式，是指旅游项目所有者将全部或部分的经营权、管理权交给具有较强经营管理能力，并能够承担相应经营风险的法人或自然人有偿经营的运营模式。

如上文所述，在考虑通过所有权与经营权分离而赋予旅游项目更大活力和发展空间时，旅游项目可以采用特许经营等转让经营权的方式来引入具有竞争力的管理团队。但转让经营权的方式并非适用于所有旅游项目，特别是存在体制性障碍的旅游项目，经营权的转让相对敏感。那么，在上述情形下，在目前酒店领域内（特别是国际品牌酒店）较为普遍的委托管理模式也逐渐进入了旅游项目所有者的视野，成为一种具有发展前景的新型运营模式。

在委托管理模式下，所有权与经营权分离，有利于提高旅游项目资产的运营效率，从而有利于资源的调动和旅游项目的长期发展。同时，引入有效的经营机制、科学的管理手段、成熟和知名品牌等便利模式，是降低管理成本、提高资本质量的重要途径。

就委托管理模式而言，根据委托的程度和范围不同，可以分为全面委托和部分委托两种模式。全面委托，指的是将旅游项目经营权全部委托给管理方，所有者主要起协助和监督作用；部分委托，则是指将旅游项目的某个环节或部分项目委托给管理方进行经营，如市场营销的外包，或景区将其中某个或某几个经营项目外包等。就委托管理模式在旅游项目运营中的适用情况而言，采用全面委托模式的旅游项目较少。之所以在一般旅游项目中难以实行全面委托管理模式，其原因主要在于旅游产业是典型的非标准型产业，因其旅游项目特点不同，其管理和运营的方式也难以像纯酒店项目那样推行标准化。另外，同样由于旅游项目运营涉及面较广，其对相关运营资质和专业能力的要求也相对较高，因而很难有一家企业能在方方面面都做到精通。因此，部分委托管理模式逐渐成为旅游项目运营主流方式。例如，在一些大型旅游项目中，可能包含住宿、餐饮等基础服务项目，也可能包括高尔夫、缆车等各种特色服务。就项目内的酒店而言，完全可以委托给具有专业管理经验和优势的酒店管理公司；就餐饮而言，则可以依托专业餐饮管理公司的管理经验进行良好的运营；对于涉及高尔夫、缆车等特殊服务的旅游项目，其对于管理经验和运营资质的要求更高。如果旅游项目所有者缺乏对这些具体项目的运营能力，不妨将其委托给具有专业资质的运营公司负责具体的日常运营和管理，以实现专业化分工。

在委托管理模式下，也将涉及所有者与管理方的权限划分问题，那么约束和规范双方之间权利和义务的主要就是双方事先签署的相关委托管理合同。尽管旅游项目的个体差异性较大，相应的管理模式可能也有所不同，但委托管理合同中可能约定的内容大体上类似。一方面，为防范不必要的权属纠纷，管理者可能需要确认旅游项目所有者对产业项目享有的产权，以及是否具有将经营权进行对外委托管理的权限。特别是在涉及国有产权与私有产权交织的旅游项目中，产权关系以及相关经营权限的明确对于明确各方权利义务关系显得尤为重要。另一方面，则需要约定管理方提供的管理服务的范围，可能涉及人事安排、财务安排、项目资产的运营及维护，以及环境保护方面的协调等各个方面。例如，管理方可能需要针对旅游项目整体经营管理提升、管理体系及市场营销体系的完善而提供相应的专业化和高水平的服务。在这一部分的具体安排中，所有者与管理方的权限得以相对明确地加以划分，有利于在合同履行过程中定纷止争。随着旅游产业精细化分工的发展，委托管理模式在旅游项目中将得到更广泛的应用。

第二节　旅游项目的收益模式

旅游项目的收益模式是指旅游项目在实现项目目标、获得相关经济及社会效益的过程中采用的模式。

通常在谈论一个产业或某个具体项目的运营时，投资者往往最为关注的是项目的盈利情况。项目的盈利能力确实是项目运营的核心部分，因为旅游项目的盈利能力直接关系到相关经济性目标能否顺利实现及何时实现，也决定了投资者是否能尽快获得预期的投资回报。但在经济性目标之外，基于旅游产业的综合性特点，某些旅游项目还需要兼顾社会效益及环境效益等其他类型的非经济收益。

不同旅游项目的收益模式均有所不同，通过对不同旅游项目收益模式的比较，本章总结了以下几种常见的收益模式，并旨在通过对相关模式特点的介绍，为今后项目方做旅游项目的运营提供相应的借鉴和参考。

一、基础型收益模式

基础型收益模式一般指的是“门票收入 + 旅行社分成”的模式。该模式是我国旅游项目早期发展过程中最常采用的主要营收模式。同样，门票收入与旅行社分成收入也是一般旅游项目的基础性收入来源，但如果仅仅依靠该基础模式，则旅游项目的营收水平将难以提升到或保持在一个较高的层次上。

在单纯的基础型收益模式下，旅游项日严重依赖丁游客数量，而为了增大客流量，旅游项目通常会与旅行社进行合作，通过向旅行社提供高额回佣来赢取更多的团队游客。在这种模式下，由于旅行社拥有大量的客源市场，因此旅行社在双方的合作中往往处于优势地位，其获得的利润也通常远远高于旅游项目本身营收水平。为了提高盈利，旅游项目则不得不相应地提高门票价格。如此一来，就会导致散客客源市场缩小，接待的游客中团队游客的比例将进一步提高，最终形成了“高门票价格+高旅游团队比例+高旅行社回佣”为特点的盈利模式。这种“三高”模式诚然能为旅游项目带来较为稳定的客流量，特别对于一些知名度较低或运营时间较短的旅游项目，确实在一定程度上能够帮助其扩大知名度、开拓客源市场。但实际上，就利润率而言，这些项目并非像其表面看起来那样光鲜亮丽。较高的门票价格并不能给旅游项目带来较高的利润率，因此，该种模式不应成为旅游项目创收所依赖的主要模式。旅游项目应在此传统模式的基础上寻求突破和提升。

不可否认的是，对于某些旅游项目而言，受限于资源短缺或者项目特点，在一定期限内确实可能仍需主要依赖门票收入等基础收入来源。尽管如此，旅游项目投资者必须认识到门票收入水平的提高虽然可以依赖于门票价格的提升，但支撑门票价格提升的关键却在于旅游项目本身是否能够长时间地保持其足够的吸引力和竞争力。尽管对于一些传统旅游景区而言，受限于环境保护或自然遗产保护的要求，不能轻易尝试其他多样化的开发模式和盈利模式，但是却可以在现有基础上做到推陈出新，以多种新形式展示和提升旅游项目的魅力，充分利用资源的独特性优势，提升项目本身的魅力和活力。这样一来，门票价格的提升就会有实质内容的内在支撑，也就不必仅依赖于旅行社的分成，项目的盈利能力和收益水平也将相应得到提升。

二、综合服务模式

综合服务模式是指在“门票收益模式”的基础上，强调餐饮、住宿及购物等多种收益形式的收益模式。通过前文介绍可以看出，单一的门票经济显然难以适应现阶段日益发展的旅游产业的需求，收益空间也非常有限。而如果能够提供住宿、餐饮及购物等多种服务形式，则能够极大地提升旅游项目的整体创收水平。

通常意义上的旅游服务，主要集中在“吃”、“住”、“行”、“游”、“购”、“娱”六个方面，而一个好的旅游酒店就基本能够满足旅客在“吃”、“住”、“购”、“娱”等四大方面的主要需求。因此，旅游项目中的酒店的开发及运营情况，对于整个产业项目的创收水平则可能会有较大的影响。

旅游酒店的定义比较宽泛，一般是指在旅游项目中通过建立自主品牌或引进其他酒店品牌，供游客旅游休闲住宿的酒店。酒店是旅游项目营业活动中的一个载体，主要以接待休闲度假游客为主，为游客提供住宿、餐饮、娱乐，以及相关特色功能服务的酒店。

对于旅游项目自主开发的品牌酒店而言，提供基础的餐饮及住宿等服务不难，但国内目前旅游酒店不断涌现，而真正做到推陈出新，从而成为旅游项目创收的重要推动器的却并不多见。因此，如何在众多旅游酒店中脱颖而出，已经成为旅游项目投资及酒店开发目前所面临的重要课题。

我们仍以北京古北水镇为例，古北水镇在当初进行规划时，即对景区业态进行了“三三制”划分，即三分之一的门票收入，三分之一的酒店收入，三分之一的景区综合收入。因此，酒店的运营则成为了该项目中的重头戏。水镇大酒店为典型的旅游酒店，拥有古堡式外形，依山傍水，并可远眺司马台长城。拥有各类客房共409间，被誉为“世界首家长城烽火台主题酒店”。入住水镇大酒店的游客既能免费参观古北水镇里的特色景点，又能品尝特色文化美食，“景区+酒店”的组合创造了具有独特魅力的文化旅游休闲新模式。另外，结合北方景区冬季呈现严重淡季的问题，项目投资者又开发了各种类型的温泉酒店，以及各式精品酒店，从而为游客提供了多样化并且具有持续性的旅游产品选择。

就引进的国际品牌酒店而言，如何选择一家适合本项目特点的酒店管理公司及相应的酒店品牌至关重要。尽管大多知名酒店管理公司现在基本上均已配备从连锁经济型酒店到高端奢华酒店不同等级的酒店品牌，但不同酒店管理公司的强项或者侧重点还会有所不同。作为旅游项目投资者，需要结合旅游项目的特点及需求选择相应的酒店管理公司及酒店品牌。

此外，如何平衡标准化运营与特色化运营之间的关系，也成为旅游项目投资者的重要考量因素之一。之所以现在国内大多数的高端酒店选择国际酒店品牌，甚至不惜支付高额管理费及品牌特许费等费用，就是因为国际酒店管理公司无论在品牌认知、订房系统、常客管理、管理经验及系统技术支援等方面，都具有相对明显的优势。正因为如此，在一般情况下，酒店管理公司都希望在酒店运营过程中尽可能不受业主方面的干预，独立自主运营酒店，而这确实也是出于对维持品牌标准的合理要求。但如前文所述，不同的旅游项目有不同的特点。如果酒店要与旅游项目的特点及特色相结合，则势必要在营运方面做出相应的调整，以实现与项目特色及潜在受众特殊需求的有机结合。这样一来，首先就需要作为业主的旅游项目投资者与酒店管理公司在具体管理合同谈判及协商阶段就相关权限进行划分，特别是基于项目特殊需要而调整的内容进行合理商谈；在旅游酒店运营过程中，如果需要根据市场需求或经济环境的影响而调整的话，则要注意沟通的方式方法，争取在保证品牌标准的同时最大程度地实现与本地特色的整合，从而为整个旅游项目的发展和盈利提供强有力的支持。

三、旅游地产模式

旅游地产模式是在我国旅游业和房地产业快速发展的大环境下产生的，核心是“旅游带动地产，地产反哺旅游”。国内的“旅游地产”模式主要表现为两种形式，一种是依托自然旅游资源在其内外部进行地产开发，另一种则是开发人工旅游项目，在项目内外进行地产开发。地产类型则涉及旅游景区地产、旅游商务地产、旅游度假地产以及旅游住宅地产等多种类型。

在该模式下，旅游项目参与地产开发，有利于实现资金的快速回笼和高收益，从而为旅游项目的开发建设提供资金补充；而旅游项目的经营发展，则有利于地产的增值和利润获取，促进地产发展。这种模式对旅游和地产的契合程度、旅游项目的资金规模、地产开发主题要求较高，且易受国家对地产和旅游业相关政策的影响。

华侨城模式是旅游地产模式的典型代表。作为近20年来中国旅游地产投资运营的先驱者，华侨城以人工造景的主题公园为旅游吸引核心，带动区域新城开发，拥有欢乐谷、长江三峡旅游、新浦江城等一系列国内著名的企业和产品品牌。华侨城模式的主要特点是先进行主题公园建设和运营，以旅游业带动周边地产升值并参与地产开发，以地产开发的收益进行项目及周边基础设施建设，提升项目地域形象，推动项目所处地域发展，而周边地区的发展则进一步带动周边地产业的发展。

从华侨城公开的2014–2017年的财务报表来看，旅游与地产两大板块收入在2014年平分秋色，而从2015年开始则房地产收入一直保持高于旅游综合收入的水平。而结合下图中华侨城对旅游和房地产板块分别投入的成本情况考量，则我们更容易看出房地产对于华侨城创收的重要性：

通过以上关于营业收入和营业成本的两个对比图，我们可以看出，在投入成本几乎相同，甚至房地产投入成本还略低于旅游成本的情况下，房地产板块带来的收入仍超过旅游综合业务带来的收入。对比之下，可以明显看出房地产对于华侨城利润增长的重要推动作用。

旅游地产的开发对于旅游项目盈利水平的提升无疑具有极大的推动作用，在国家法律政策允许的范围内进行旅游地产的开发亦为很多旅游项目投资者

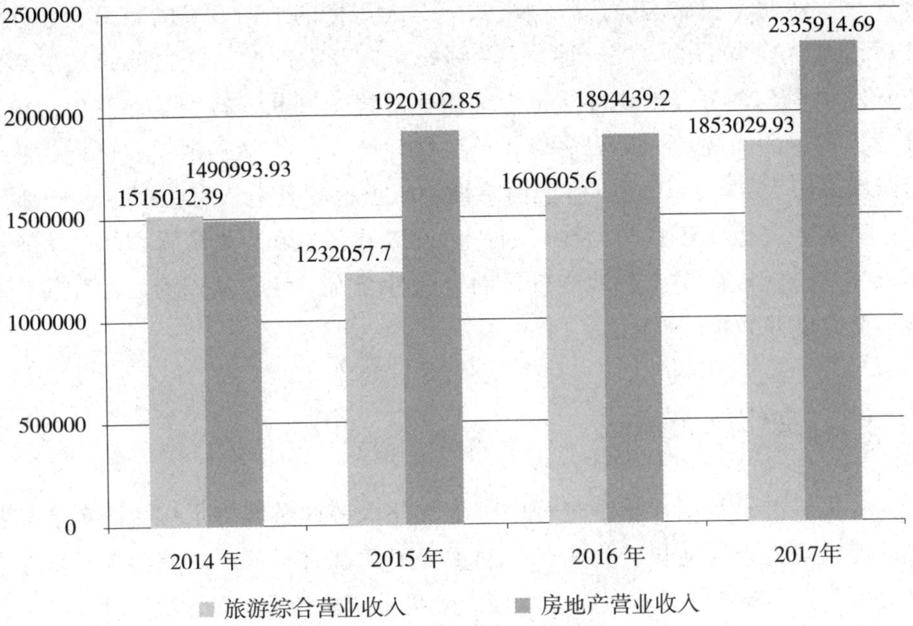

华侨城 2014–2017 年营业收入对比情况

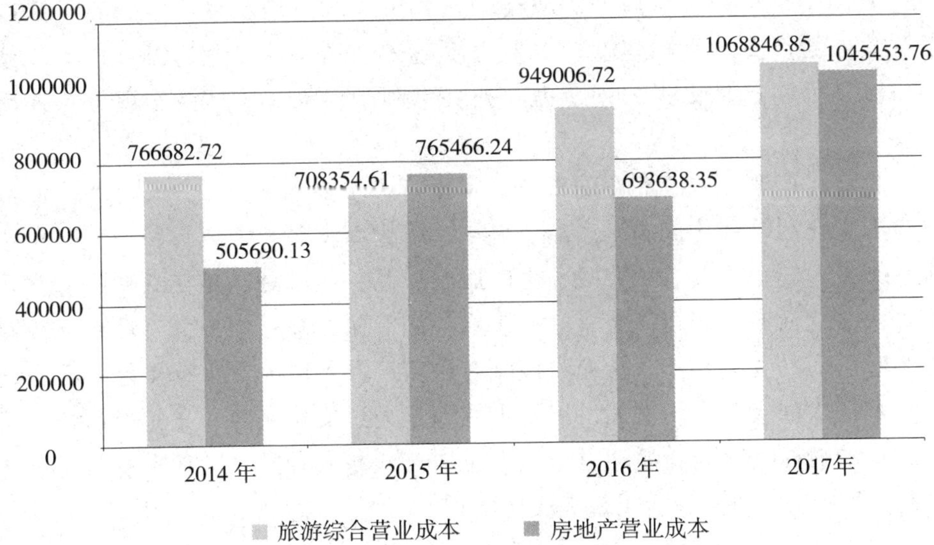

华侨城 2014–2017 年营业成本对比情况

所青睐。然而，在旅游地产收益模式下，大规模的地产开发的背后，往往隐藏着诸多合规方面的“安全隐患”。例如，在开发旅游地产之前，需要对地产开发利用是否符合土地性质、土地用途等谨慎判断，特别是涉及集体土地等较为敏感的问题。如果无法将相关法律风险一一排除，则很有可能为将来运营埋下极大的隐患，更有可能面临被收回土地的风险。而在旅游地产规划、建设过程中，也要注意与当地规划、建设以及环境和自然资源保护等方面的要求相符合，以确保旅游地产权属的合法性及有效性，从而为后续相关经营活动奠定良好的合规基础。

四、文化旅游模式

文化旅游，是指在旅游过程中围绕文化内核向游客提供相关服务和产品的过程，是将当地文化转化为产业的重要形式和有机载体。旅游项目通过将旅游和文化两项产业的有机结合，极大地提升了旅游项目的发展潜力。

作为本身极具发展潜力的新型产业，文化产业具有巨大的生产力和创造力。而当文化产业与旅游产业相融合，则形成了典型的融合经济，同时基于其本身产业类型特点，又属于新型的绿色经济，因此文化和旅游的结合将有利于推动我国城市经济战略调整和可持续发展。目前，随着我国对于文化旅游产业的重视程度和发展力度越来越高，其产业活力将进一步被激发，从而将产生更强的创造力，并将有利于推动城市经济实现可持续性发展。

就文化产业与旅游产业的整合方式而言，主要存在两种方式：第一种是本身的文化活动转化成旅游产品，例如，将大型文艺表演或者著名影视作品进行开发，转化为具有独特吸引力的旅游产品；第二种则是在既有旅游产品中加入文化元素，即在既有景区、主题公园等旅游项目中，引入具有独特魅力与吸引力的文化元素，从而将使既有旅游产品及服务更富有文化内涵、更具备深层次的吸引力。例如，凤凰古城即是通过文化表演、文化创意等形式将古老的湘西文化与美丽的自然风光相结合，在原有的自然观光基础层面上进行价值提升，并且取得了重大成功。

在文化与旅游的众多结合方式中，文化旅游产业链式的开发具有强大的活力和发展潜力。而将这一盈利模式做到极致的当属迪士尼。根据迪士尼

2017年第四季度及全年财报来看，该集团主要有四大业务板块，包括广播电视媒体（Media Network）、公园和度假村（Parks and Resorts）、影视娱乐（Studio Entertainment）、消费品和互动媒体（Consumer Products & Interactive Media）。从上述四大板块业务来看，迪士尼开发出了一套从内容创造、内容分发到内容变现的完整内容产业链，并且在各个板块都取得了傲人的业绩。

事实上，从开发全球第一家主题乐园开始，迪士尼就没有仅仅将目光放在个体项目开发上，而是着眼于旅游与主题文化的结合，力争开发出具备更大发展潜力的文化旅游产业链。例如，迪士尼设立专业部门Imagineering Lab组织世界上优秀的工程师，并联合美国顶尖院校，共同为乐园开发最新的技术；Disney Research则致力于AR技术的开发及其在主题公园中的应用。强大的技术支持团队为迪士尼乐园文化创新和产品更新提供了强有力的后援。在主题乐园之外，迪士尼也将其主题文化延伸到各类生活用品。迪士尼专门设立消费品及互动媒体部门（DCPI），通过从玩具、T恤到APP、书籍和游戏机等100多个类别的产品创新，创造实物产品和数字体验。除了自主开发乐园周边产品之外，迪士尼也积极寻求与其他公司的合作，并且颇具成效。例如，著名奢侈品牌Christian Louboutin在2012年为《灰姑娘》打造水晶鞋后，于2014年及2017年分别就《沉睡魔咒》和《星球大战：最后的绝地武士》两部电影推出迪士尼联名鞋，均获得了不错的销售业绩。

通过一整套文化旅游产业链的开发与运营，迪士尼得以保持其强大且具有可持续性的盈利能力。而文化旅游产业成功开发的背后，则是迪士尼对于其知识产权的开发与创新。可以说，迪士尼知识产权帝国的塑造，就是以知识产权创造为源头。就目前而言，迪士尼公司本身已经拥有体量庞大且种类丰富的知识产权，并且其公司依然在不断创造新的文化和知识产权资源。在源源不断的创新能力基础上，迪士尼公司同时具备强大的持续创造和推广能力，从而有利于其打通文化旅游产业链，实现更大程度地发展。但对于一般的主题公园而言，通常本身天然知识产权内容欠缺，加之后天创新能力和推广能力不足，导致无法形成具有持续生产力的文化旅游产业链。

对于国内旅游项目而言，在文化旅游方面，要注重对于自身品牌文化的培养，对于自主开发IP的保护与创新。只有这样，才能避免在强大的外来文化的冲击下迷失自我，才能在文化旅游产业运营过程中取得长久的竞争优势。

五、区域综合开发模式

正如我们在上文所提到的，旅游具有强大的引擎功效，能够有效地带动土地快速升值，进而延伸出多种形态的旅游地产等高利润项目，快速实现回报。此外，旅游业的发展还能推进服务产业聚集发展，从而推动城镇基础设施建设。这种带动区域综合开发并进而带动旅游项目创收水平提高的模式则可称为“区域综合开发模式”。

一般来说，区域综合开发模式，是指基于一定的旅游资源与土地基础，以旅游休闲为导向进行综合开发，以休闲聚集区、旅游地产社区为核心功能构架，相关配套设施与延伸产业为支撑保障的综合开发模式。其主要特点体现在：旅游休闲为区域综合开发的引擎、产业配套是区域综合开发的支撑，以及休闲地产为区域综合开发的延伸。

之所以区域综合开发模式能成为一种新的盈利模式，一方面，是因为传统旅游项目（以游客为服务对象，通过服务获取收益的项目）的投入产出比越来越低，特别是在一流观光资源已基本全部开发完成之后，旅游服务与旅游设施开发项目都是“高投资、低回报、长周期”型项目，基本上难以实现短时间的资金回流和利润回报；另一方面，则是因为随着我国城市化的发展，旅游已成为提升城市化质量的重要因素，旅游的发展，对于推动城市产业发展以及提升城市居民生活质量具有重要作用。现阶段的旅游开发，逐渐与区域开发以及城市化进程相结合，并在产业发展方面实现了有机融合，继而形成了在旅游产业导向下“泛旅游”产业聚合的区域经济与城镇化综合开发模式。

与纯粹的旅游地产模式不同，在区域综合开发模式下，旅游项目投资者不能只建房子，不搞产业与经营。面对一个区域的综合开发，不能只搞房地产，还必需安置当地居民，兼顾社会综合效益。因此，旅游项目投资者需要把产业发展、城镇建设、社会统筹结合起来，在政府的管理下，通过在旅游项目规划、土地一级开发、整体项目开发、基础设施建设开发、商业房地产开发、住宅和度假商业开发等六个领域发挥作用，实现商业化良性运营，分阶段实现区域经济社会发展，实现企业在区域综合开发中的系统整合，从而保证企业在区域综合开发中获得相对稳定的生产力支持，并进而获得更高层次的发展。

实际上，目前国内各大旅游开发商均已对区域综合开发这一领域涉足颇深。例如，万达斥资500个亿围绕“武汉中央文化区”进行综合开发，其中的重要组成部分——武汉楚河汉街，项目总建筑面积340万平方米，汉街规划面积约18万平方米，按照文化、旅游、商业、商务、居住五大功能规划设计。项目围绕楚河汉街设置了八大文化项目，分别是剧场、电影城、电影文化公园、名人广场、大戏台、蜡像馆、文华书城、画廊，旨在实现以文化产业带动商业发展，打造世界文化旅游项目。再比如万达在西双版纳景洪市西北部打造的占地5.3平方公里的万达西双版纳国际度假区，整个项目分为主题公园、雨林体育探险公园、商业中心、傣秀剧院、三甲医院、高端酒店群和旅游新城等七个业态，借助西双版纳独特的人文风情和得天独厚的气候环境打造了独具特色的西双版纳国际度假区项目。此外，华侨城的深圳东部华侨城、恒大集团的恒大海上威尼斯，以及华润集团的海南万宁石梅湾等，均是区域综合开发的典型代表。

区域综合开发对于旅游项目的发展及营收能力的作用是显而易见的，同时对于带动区域发展的作用也十分巨大。但相应地，在区域综合开发模式下，旅游项目投资者及运营方要面临的各方面的问题也会更多，风险也随之而来。面对一个体量庞杂的区域综合开发项目，如何把控和处理各种纠纷和矛盾，如何对相关法律风险做到防患于未然，项目方不仅需要对相关法律条款及实践有深刻的把握，还需要对整个开发和运营的过程有着较为清晰的了解和认知，这样才能做到真正的风险防控，从而为整个旅游项目的全流程运营提供全方位的法律保障。

基础型收益模式	• 门票+旅行社分成
综合服务模式	• 全方位旅游服务收益
旅游地产模式	• 以地产开发为收益核心
文化旅游模式	• 文化创新驱动旅游发展
区域综合开发模式	• 区域综合开发带动各项效益

几种典型收益模式

第三节 旅游项目运营风险防控

旅游项目对于城市经济的拉动作用，对于城市文化与自然环境有机融合的促进作用不言而喻，其本身所蕴含的发展潜力也十分巨大。因此，投资旅游项目成为新时期的热潮，但我们也看到有太多的旅游项目在不同阶段遭遇了大大小小的失败，其中一个重要的原因就在于没有对项目运营中的相关风险进行有效防控和管理。

风险来源于未来事件的不确定性，而旅游项目涉及利益主体多、开发建设运营周期长、投资规模相对较大，项目运营过程中出现的不确定因素就会越多，从而导致旅游项目的整个周期将面临不同种类的风险。这些风险的存在对旅游项目或许同时也意味着某种机会，但也存在着巨大的威胁。为了把握机会，规避风险，旅游项目的投资者和管理者在项目运营过程中必须开展风险管理和风险防控工作，从整体上把握全局，从局部上抓住关键，从而使旅游项目真正实现其预期的经济及社会效益。

旅游项目运营过程中的不确定因素众多，也就导致了相关风险类型也会多种多样，例如政策风险、经济风险及法律风险等多种类型的风险，不同类型的风险，其管理及防控办法也均有所不同。结合前述对旅游项目不同运营模式及盈利模式的介绍，下文将就其中涉及运营的几个重点问题项下可能产生的法律风险及相关风险管理及控制办法进行简要介绍。

一、公司治理方面

广义的公司治理，是指通过一整套包括正式的或非正式的、内部的或外部的制度来协调公司与所有利益相关者之间（股东、债权人、职工、潜在的投资者等）的利益关系，以保证公司决策的科学性和有效性，从而最大程度地维护公司相关利益。

旅游项目的公司治理并非是在运营过程中才涉及的重要问题，而是贯穿整个旅游项目的产生、发展、成熟及退出流程的基础性问题。就旅游项目的运营而言，公司治理结构的设置奠定了一个旅游项目运营的基础，公司治理结构的调整对于整个项目的运营具有决定性作用。

归根结底，旅游项目的公司治理是对项目相关法律关系的规范和梳理。一个好的旅游项目，必须有一个初始设置相对健全并且具备良性自我调整机制的公司治理结构。

大型旅游项目往往具有投资规模大、运营周期长等特点。在某些情况下，为招揽投资、扩大规模，很多投资者在最初设立项目公司时会相对冒进，结果就为后期公司治理埋下了诸多潜在隐患，而随着项目发展和运营，越来越多的问题就会逐渐显现，甚至最后形成雪崩之势，给整个旅游项目乃至所在地区的发展都造成不可估量的损失。

基于旅游项目的特点，公司治理方面容易滋生的问题主要表现为股东权利纠纷，究其原因，主要有以下几个方面：

第一，利益矛盾。利益矛盾是一切纠纷和冲突产生的来源，而就旅游项目而言，投资者的投入成本相对较大，旅游项目运营和盈利状况好，则收益相对较大，而在巨大利益面前，任何可争取的利益都举足轻重；在旅游项目运营状况不好甚至可能破产的情况，如何保护自身的股东权益以避免更大程度的损失，依然是投资者之间不可调和的矛盾。

第二，投资主体多元。旅游项目的投资主体多元化是其显著特征之一。如前文介绍，旅游项目存在不同的合资与合作模式，比如政府与民间资本的合作，内资与外资相结合等，甚至在很多产业项目中出现员工持股等多元股权形式。投资主体多元化并非旅游项目的原罪，也并非其劣势，但如果不能在发起人协议及章程中将各投资者的利益及法律关系理顺，则错综复杂的股权结构在项目运营过程中将很容易滋生股东权利纠纷。

第三，盲目、不良并购。在旅游项目运营过程中，基于融资或退出的需要，可能发生大量的股权转让、兼并收购。同样，如果不能对股权转让行为进行完备的统筹规划，对新加入股东的权利进行妥善安置，则很有可能随之而来的是围绕股权转让等方面的诸多纠纷。而就现阶段的旅游项目并购而言，在大力追求经济效益的趋势下，存在大量的激进或者冒失的并购行为。

第四，政府干预。如前文所述，很多旅游项目为寻求相关政府及国企优势资源而选择与政府或国企进行合作。然而，在政府职能定位有待于进一步优化的现阶段，很多地方政府一旦参与到旅游项目中后，便习惯性对项目运营进行行政干预，而其他股东的股东权利就很有可能受到挤压，甚至被忽视或被无视。

第五，法制法规不完善。现阶段，在我国相关法律规定中，《公司法》等相关法律对于股东权利义务关系进行了规范，但很多法律规定在立法和执行层面都存在着大量可解释的空间，缺乏针对具体产业特点及新型公司治理结构项下股东关系的具体规范，这也就为相关权利纠纷留下了滋生的空间。

基于上述几个因素，旅游项目可以尝试从以下几个方面来规避公司治理方面的风险：

首先，科学设置公司治理结构。在旅游项目设立之初，即通过相对全面的前期尽职调查对相关风险进行预判和提前把握，进而在发起人协议及公司章程中，对于股东权利及公司治理结构进行明确的划分，为整个项目运营打下稳定而坚实的基础。

其次，及时并真实地披露风险信息。旅游项目运营过程中不可避免地会产生各种类型的风险，一味对风险信息进行遮掩或掩饰，则风险不会消失，反而会发酵并伺机爆发。如果投资者之间或者投资者与债权人之间能够及时地就旅游项目运营过程中的风险进行良性沟通，那么很多问题就可以在萌芽阶段得到解决。

另外，就政府参与投资的项目而言，相关政府投资主体要正视市场经济环境下政府的职能定位，以及作为股东的角色要求。在为旅游项目的发展与良好运营提供相关便利性资源的同时，避免对项目运营本身造成过多行政干预，甚至损害其他平等市场经济主体的合法利益。

就我国现阶段的法律法规建设而言，尽管该领域在立法方面有待进一步加强，但对于旅游项目本身来说，需要在现有法律体系框架下最大程度上防范相关法律风险的产生及发酵，而这则不仅需要项目方对相关法律法规有深刻的理解，也需要对旅游项目运营这个领域有着相对较为全面的认知。因此，旅游项目领域的全流程及全方位的专业法律服务也就应运而生。

二、经营权转让方面

所有权与经营权的分离是市场经济环境的必然要求。实际上，在本章第一节中，我们围绕着旅游项目运营中的不同模式，对经营权的转让方式进行了基本介绍。不同的转让形式，产生了不同的运营模式，比如特许经营、整体租赁，以及委托管理等多种形式。

尽管经营权转让本身是符合市场规律的一种操作办法，然而，由于转让方式的多样性及相关模式的非成熟化，因经营权转让而产生的相关问题可能会对旅游项目的运营造成极大的困扰。

一般而言，围绕经营权转让而产生的相关问题主要集中在“转让的权限”以及“责任划分”两个方面。结合旅游项目运营的特点，造成这些问题的原因主要有以下几个方面：

第一，运营模式选择问题。对于大部分商业型旅游项目而言，都会或多或少地涉及经营权的转让，而所有权与经营权在一定程度上的分离也确实能够为旅游项目的运营带来积极的效果。然而，对于某些具有特殊性或特殊要求的旅游项目而言，全部经营权的转让或以不恰当方式的转让都会给项目运营带来负面影响。例如，对于涉及自然遗产保护的景区运营而言，现阶段的商业运营很有可能导致相关稀缺资源被人为破坏，而相关专业保护及维护工作只能由政府去主导完成，从而决定了其可适用的运用模式的有限性。

第二，缺乏相对完备的合同约束。如前文所述，经营权转让有很多具体形式，而且不同模式下的法律关系也有所不同。就现阶段国内旅游项目的运营现状而言，很难就某种具体模式形成相对较为统一适用的合同范本。而旅游项目的运营是一项庞杂的任务，如果不能在经营权转让相关的合同中将所有者与经营者之间的权利义务关系理顺，将相关运营责任划分清楚，则很容易发生越界或者互相推诿的情况。

第三，所有者的不当干预。之所以旅游项目的所有者往往会对产业项目的运营存在或多或少的干预，主要有两个原因。一方面，旅游项目的投资规模较大，因此投资者对于项目经营更为警惕和慎重；另一方面，则是因为大多数的旅游项目投资商均对项目运营有一定认识和了解，因此可能在项目运营过程中与经营者经营理念或管理办法产生一定冲突。特别是在双方之间关于经营权限的具体约定不明时，双方的矛盾可能会进一步加剧。

第四，经营者管理水平低下。尽管现在市场上一些相对成熟的项目运营公司能够为旅游项目的运营提供相对良好的管理服务，但不可否认的是，在很多旅游项目的运营上，很多具体经营者的管理水平并不足以支撑一个旅游项目的成熟化运营。这也在一定程度上导致所有者对项目的运营不得不加以干预，甚至是施以援救。管理水平的低下很容易导致项目运营的难度加大，可能导致投资者亏损，甚至负债、破产等不利后果。

为避免因经营权转让而滋生上述问题，项目相关方可能需要从以下几个方面进行改善：

第一，选择恰当的运营模式。尽管不同形式的经营权转让均有其各自的特点及优势，但并不代表每个旅游项目均有效适用，旅游项目投资者要根据项目特点合理选择适用。例如，对于某些具备自我运营能力的投资主体而言，不妨在项目公司之外设立专门的项目管理或运营公司，将所有权与经营权进行自我拆分，从而在一定程度上实现相应的风险隔离等。

第二，注重合同谈判。现行法律法规并未对涉及经营权转让的相关行为进行特别规制，因此，所有者与经营者之间的法律关系有赖于双方之间签署的合同来进行梳理和约束。关于旅游项目运营的合同应当是一套相对完备和齐全的体系合同，内容上应当涵盖双方关于经营权的相对明确的边界划分，也应该对有可能出现的风险因素及责任问题进行提前筹划，并确定问题的应对和解决方案。针对不同形式的经营权转让，其法律关系也会有所不同，相应的合同内容也应有所区别，因此，需要根据项目特点进行设置和调整。

第三，树立正确的运营理念。对于选择了将经营权转让的旅游项目投资者而言，要逐步树立正确的运营理念。虽然对于项目运营一定程度上的监督和制约是必要的，但如果对项目运营造成过分干预，则很有可能导致项目运营受阻。尝试以开放的心态去接受和支持经营者的运营和管理，同时也从其项目运营中进一步学习和提高，对于自身运营能力的提升将有莫大的帮助。

第四，提升运营水平。无论对于自主运营还是涉及经营权转让的旅游项

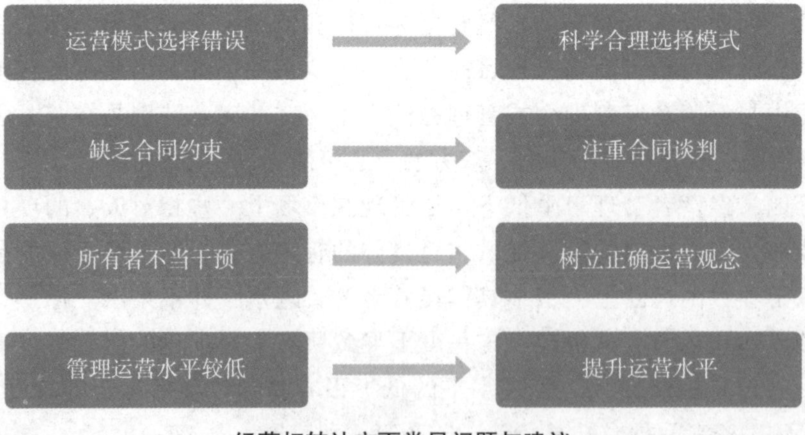

经营权转让方面常见问题与建议

目而言，提升运营水平都是提升项目盈利能力的不二法门。特别对于专门从事项目管理和运营的公司而言，要打造自身的品牌和声誉，需要在具体项目管理和运营中表现出应有的能力，需要真正做到专业化和精细化，从而为旅游项目的运营提供合格乃至优质的管理服务。

旅游项目的运营模式将直接关系到该项目运营的成败，就经营权转让相关问题而言，则需要理顺所有者与经营者之间的法律关系，同时也需要在项目运营过程中及时对相关问题进行妥善处置。

三、知识产权

资产运营是旅游项目运营的一个重要组成部分。根据资产形式和内容的不同，可以将资产分为有形资产和无形资产两大部分。无论是建筑设施、旅游设备等有形资产的运营，还是知识产权等无形资产的管理，对于旅游项目的运营都至关重要。在众多资产之中，知识产权（Intellectual Property,即“IP”）这一无形资产值得引起当下旅游项目投资者和运营者的格外重视。

知识产权对于旅游项目运营及盈利的重要作用不言自喻，特别是在文化旅游方面，知识产权对于一个旅游项目的价值是十分巨大的。然而，现阶段国内的旅游项目对于知识产权的保护和利用存在多种问题。一方面，国内众多旅游项目很难打造出具有较强竞争力的IP，另一方面，则存在大量模仿甚至抄袭国外IP的现象。究其原因，主要有以下几个方面：

第一，缺乏文化自信和文化创新能力。之所以存在大量抄袭国外强势IP的现象，很大程度上反映出的是国产旅游项目缺失文化自信的心理。而如果要打造属于自身的具有竞争力的旅游IP，则需要提高相应的文化创新能力，否则在其他强势IP的冲击下将难以获得生存的空间。

第二，知识产权保护意识淡薄。实践中存在大量因保护意识差而导致知识产权被侵害的现象。例如，旅游景点名称和具有地理标志的旅游产品名称被抢注，旅游线路和特色服务被抄袭，旅游纪念品被仿制，旅游商业秘密被泄露等等，导致自主开发和建设的知识产权成果屡屡受到侵害。另外，抄袭他人知识产权也是权利意识淡薄的体现。如果抄袭和被抄袭成为旅游项目的常态，那么整个行业生态环境就会变得极为恶劣。

第三，相关法律建设不完善。随着我国法制建设水平的提高，知识产权方面的立法建设也有所改善。但不得不承认，就目前阶段的法制建设而言，无论是商标法、专利法等常规性知识产权法律，还是其他涉及旅游知识产权方面的具体条例及规定，都有待于进一步加强和完善。在立法对于知识产权给予足够程度保护的情况下，相应地，文化创新也会得到相应支持，旅游知识产权创新能力也会相应提升。

针对上述问题及其形成原因，要想解决知识产权方面的困境，应主要从以下方面着手：

第一，提高知识产权意识，建立知识产权战略。首先，相关政府部门应当重视知识产权的作用，加强对于知识产权方面的保护；其次，旅游项目本身要建立企业的知识产权战略，不仅应重视营销和生产战略，在项目名称、产品开发、营销秘密等各个方面也应建立起严密可行的知识产权保护网；最后，作为旅游产业从业人员，应自觉学习与提高自身的知识产权素质，做到充分保护自己和所在企业的知识产权，同时尊重别人的知识产权。

第二，利用法律手段保护自身知识产权成果。尽管相关立法并非十分健全，但权利方仍可在现有法律框架下尽可能地维护自身的知识产权利益。例如，积极申请商标注册，培育驰名商标；及时申请专利保护，实施专利战略；利用法律武器，制止不正当竞争行为和相关侵权行为等。法制环境的建设需要从上而下的权威性，但也需要自下而上的响应与支持，权利方积极运用法律手段维护知识产权，一定程度上也必然有助于相关法制环境的建设。

旅游知识产权的竞争日益激烈，因此，加强创新和保护的重要性也日趋明显。国内旅游项目要想在文化旅游和IP输出方面有所建树，则必须选择自主创新的道路，必须加强对于自身知识产权的创造和创新，同时也要注重对知识产权的保护。

四、旅游合同

之所以将“旅游合同”作为旅游项目运营过程中一个重要问题来介绍，其主要原因在于，首先，旅游项目运营过程中涉及的一个重要外部法律关系即旅游项目与消费者之间的法律关系；其次，旅游合同不同于一般的消费合同，我国现行法律体系对于旅游合同具有诸多专门性规定；此外，随着旅游产业的发展及繁荣，因旅游合同产生的相关纠纷也越来越多，需要正视并解决因此而带来的相关问题，否则就会给旅游项目的运营造成极大困扰。

一般而言，因旅游合同产生的纠纷主要分为以下两类：

第一类，消费合同及相关合同的纠纷。大多数的旅游项目与消费者签订的旅游服务合同均属格式性合同。尽管在多数合同文本中服务提供者会尝试列明相应的免责声明，但受限于我国《旅游法》等相关法律的强制性规定，某些免责条款未必能够真正起到免责的效果。而且，基于旅游项目中相关服务的特点，很多服务内容可能难以在服务合同中约定得十分明确。如果提供者与消费者对于服务合同的内容理解出现偏差，则很容易产生相关服务合同项下的纠纷。

第二类，安全保障责任纠纷。在旅游服务合同之外，作为公共场所的管理者，旅游项目本身承担着保障消费者安全的法律责任。随着旅游产业的发展及全民旅游热潮的兴起，旅游项目的安全保障责任将会越来越重，相应地对旅游项目安全运营的要求也会越来越高。一旦出现任何安全保障问题，对于旅游项目的运营将造成诸多不利影响。

针对上述两方面问题，旅游项目投资者和运营者可以尝试从以下几个方面对旅游合同可能带来的运营风险进行防控与管理：

第一，提升运营水平。优质的旅游服务是解决旅游项目与消费者之间矛盾的根本办法。尽管旅游服务质量的提升可能需要产业项目的投入增加，但从长远利益来看，优质旅游服务所带来的品牌效应及长期盈利能力将为旅游项目带来更多的利润和价值。

第二，加强安全保障能力。安全保障义务不仅是旅游项目的合同义务，还是必须要承担的法律义务。因此，旅游项目必须要注重加强自身安全保障能力，比如经营场所使用的建筑和与服务相关的设施、设备需要达到相应的安全标准；对外部不安全因素的防范和制止；对不安全因素的提示、说明、劝告义务等。

第三，合理设置旅游合同。在很多时候，为避免承担合同责任，旅游项目运营者会选择拒绝与消费者签订相应的旅游服务合同，或者仅向其提供简单的格式性合同。看似是在规避合同责任，但其实无法避开法律对于旅游项目的规范和制约。实际上，通过合理设置旅游合同内容，一方面能够让消费者明确服务的范围及内容，从而起到事先提醒和防范的作用，另一方面则也可以通过相关条款的设置，履行自己的提示义务，从而在将来产生纠纷时为自身争取有利的辩护地位。

第四，完善危机处理机制。无论事前防范机制如何严谨和缜密，意外总会发生，而考验一个旅游项目的一项重要指标即为应对危机的能力。在很多情况下，某些突发事件既是挑战，也可能是机遇。一个相对完善而又不失灵活性的危机处理机制，带来的不仅仅是对相关事件的妥善处置，从而对旅游项目起到止损的基本作用，甚至可能为旅游品牌的打造起到意想不到的正面作用。

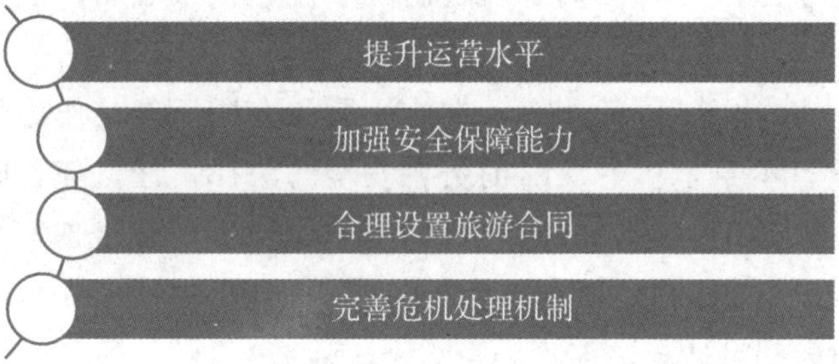

旅游合同风险防范建议

第三编

旅游产业投融资

第七章　旅游产业投融资概览

近年来，我国旅游产业市场快速增长，产业格局日趋完善，市场规模品质同步大幅提升,并正在焕发出蓬勃生机。而旅游产业的高速发展，将更加依赖于产业资金的不间断供应和可持续发展。理顺旅游产业投融资的相关问题，将为旅游产业的现代化、集约化、品质化、国际化发展在资本运作方面提供有力支持。

在经历改革开放四十年的高速发展而正身处改革开放重要节点的今天，旅游业已经成为我国发展经济、增加就业和满足人民日益增长的美好生活需要的重要支点，旅游产业已经成为提高人民生活水平的重要产业。旅游产业的快速发展离不开产业融资的强力支持。科学可持续的投融资模式是旅游产业发展的源泉，使旅游产业在稳增长、调结构、惠民生等方面产生更多更大的积极作用。从目前我国旅游市场的具体实践和

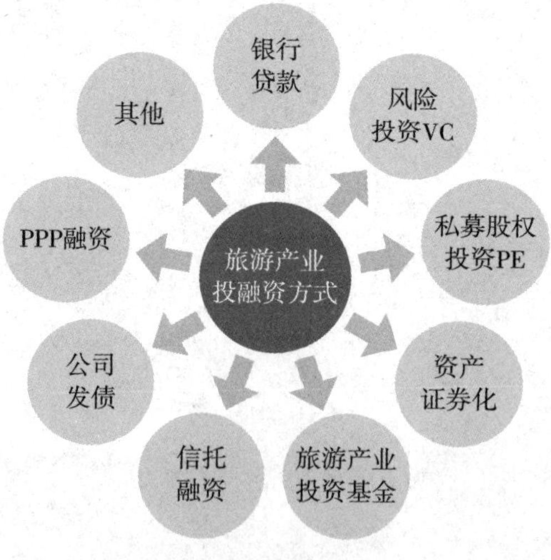

旅游产业投融资方式

国际旅游市场的通常做法来看，旅游产业主要的投融资手段分为两大类别：一类为股权融资，一类为债权融资。在股权融资中，较为常见的是项目风险投资、股权并购、旅游产业基金等；而较为常见的债权融资包括银行贷款（或委托贷款）、信托融资，以及公司发行融资债券等。除了上述较为传统的投融资手段，PPP模式、REITs模式都是当前的热点融资模式。下文将依次对几种较为常见的旅游产业投融资手段进行介绍。

一、银行贷款

银行贷款，是指银行根据被投资者的申请，根据一定的国家政策以一定的利率将资金贷放给被投资者，双方就本次借贷约定一定还款期间的行为。就旅游产业来说，借贷给旅游公司进行旅游产品的创新或再开发，常常被认定为商业银行的重大投资行为，具有较大的风险性；反过来讲，能够申请大额贷款的企业常常为拥有较好企业信誉的大型企业，对于商业银行来说也是一次能够共赢的资本交易。

二、风险投资

与传统产业不同，旅游产业的独特规律使其相关投资问题也有别于其他产业领域的投资。旅游产业投资应当严格遵循旅游产业的特有规律，并应严格按照投资项目的基本特征、发展潜力和商业价值等因素进行综合考量。

根据全美风险投资协会官方网站的定义，风险投资（Venture Capital）是由投资公司或自由风险投资人将一定数额的资本投入到新兴的、快速发展的、有较高市场竞争潜力的商业项目中的投资方式。仅从投资行为的角度来讲，风险投资的对象常常是刚刚起步的新兴产业，或是拥有较大市场潜力的新兴项目。风险投资常常开始于某一项目创业发展的初期，是非常考验风险投资人商业战略头脑的一种投资方式。风险投资具有以下几个特点：第一，风险投资常常同时拥有高收益性和高风险性，经常以组合投资的形式出现；第二，风险投资是一种投资期间较长且流动性较小的权益资本投资；第三，风险投资是一种集金融业、科技业、资金和企业管理于一体的系统性金融工程；第四，若被投资产业产生较高利润，投资方通常会选择在该产业内进行循环性投资。

风险投资有普遍的运作模式，一般由三方组成资金循环体系，即供给者（即投资者）、风险资金的运作者（即风险投资公司）与风险资金的最终使用者（即被投资者、风险企业或项目）。旅游产业引入风险投资，有利于拉动旅游产业效能，使其更好地助力国民经济发展；有利于整合单一旅游链条，使其形成能够产生综合收益的多元化产业；有利于以风险投资“趋利性”的特点来引导旅游产业，形成竞争发展的良性循环。

三、资产证券化

与风险投资类似，资产证券化（Asset Backed Securities）这一概念也起源于美国，其最早被用于解决住房贷款问题上。以抵押贷款的本息还款现金流作为支撑的资产支持证券的发行，成功盘活了大批信贷资产，缓解了银行储蓄业务的压力。资产证券化的定义至少包括三个方面的内容：（1）证券化，资产证券化是一个通过能够产生预期稳定现金流的非流动资产发行证券的直接融资过程；（2）资产支持证券，即发行的证券是依据基础资产的实际情况支持进入二级市场流通的；（3）基础资产，例如以主题公园的门票作为可预期收益，在未来一定时间内产生的门票收益是可以提前预估的，这部分资产可作为证券化的基础资产。

资产证券化进行融资交易时会涉及发起人、中介机构、服务人与托管人、信用评定机构、投资者等一系列交易主体。良好的旅游项目非常适合以资产证券化模式进行融资。旅游投资的周期较一般产品项目投资长，资金收益慢，但这种现象一般会随着被投资项目的扩大而逐渐好转；而且，被投资旅游项目日臻成熟以后，项目收益通常较为固定。

四、旅游产业基金

产业投资基金，是一种对未上市企业进行股权投资和提供经营管理服务的利益共享、风险共担的集合投资制度。在我国，大部分的产业投资基金都有政府参与的影子，产业投资基金的资金来源可能是政府直接财政投入，也可能是来源于当地国有企业。

产业投资基金从设立到终结，大概会经历募集、投资、管理、退出等几个阶段，整个过程可能需要数年不等。从产业基金的组织形式上讲，产业投资基金与普通的基金一样，一般可以采用公司制、合伙制、契约制等组织形式。产业投资基金根据不同的组织形式，分别制定投资基金公司章程、有限合伙协议及合同等，明确产业投资基金设立的各项内容，包括政策目标、基金规模、存续期限、出资方案、投资领域、决策机制、基金管理机构、风险防范、投资退出、管理费用，以及收益分配等。从产业基金的监管体系上看，我国《产业投资基金管理暂行办法》规定产业投资基金应以私募为主。《政府出资产业投资基金管理暂行办法》(发改财金规〔2016〕2800号)规定，政府出资产业投资基金包括股权投资基金和创业投资基金，排除了证券投资基金。因此，产业投资基金的设立和运行需要遵守《私募投资基金监督管理暂行办法》、《创业投资企业管理暂行办法》等规定，同时，如果是政府出资的产业投资基金，还要遵守《政府投资基金暂行管理办法》、《政府出资产业投资基金管理暂行办法》等规定。

五、PE私募股权基金

PE私募股权投资有广义和狭义之分。广义的PE涵盖了企业首次公开发行募股（IPO）之前的各个阶段的权益投资，包括对企业种子期、初创期、发展期、扩展期、成熟期和Pre-IPO等各个时期的投资，并可根据不同的阶段区分为风险投资/创业投资（Venture Capital）、发展资本（Development Capital)、并购基金（Buyout/Buyin Fund）、夹层资本（Mezzanine Capital）、重振资本（Turnaround），Pre-IPO资本（如Bridge Finance）等。狭义的PE主要是指对已经具有一定规模的、较为成熟的企业所进行的私募股权投资，主要处在中后期的阶段。

随着消费升级的发展，旅游产业投资也成为近些年来产业企业和资本机构重点关注的领域。目前，私募股权的投资主要方向为旅游网站或旅游手机客户端产品等。此外，旅游景区等的开发建设领域也有私募股权的身影。投资人把资本投入到市场前景良好的景区项目，为投资人提供长期期权投资和增资服务，培育企业快速增长，数年后通过上市、兼并或者其他方式，获得投资回报。越来越多的私募投资者对更为完整的旅游产业链表示出兴趣，不仅参与到轻量在线旅游产品的投资，同时也逐渐参与到传统旅游产业开发、运营的投资过程中，比如与政府资金合作设立旅游产业投资基金对具体的线下旅游项目进行投资等。

我们将在以下章节另行结合VC风险投资，专门就PE私募股权基金进行更为详细的介绍。

六、信托融资

信托是不同于其他金融业务的金融工具，对其最贴切的解释，就是“受人之托，代人理财”。《中华人民共和国信托法》于2001年正式实施。信托是以委托人的财产为核心、以信任为基础、以委托他人管理处分为方式的财产制度。此外，信托制度还具有社会投资职能——信托融资。信托公司以其自有资金或社会投资，利用信托的相关手段和制度产生资金收益，这些资金收益在满足投资者反馈需要后，被再次利用到新一轮的投资，这就形成了一个最基本的信托投资循环。这种投资模式被应用于旅游产业中，就形成了旅游信托产品。旅游信托产品是特指为旅游企业投资者设计的低风险、稳定回收的金融理财产品。目前市场上存在较多的是贷款类信托产品、政府和信托公司合作的信托产品、权益类信托产品等。

七、公司发债融资

发债的本质是在相关主体之间形成一种债权债务关系。债券的本质是债的证明书，具有法律效力。随着旅游产业的快速发展，旅游产业对资金的需求也越来越大，对于渴望资金的旅游行业相关企业来说，发债是一种可供选择的融资渠道。事实上，债券融资就是企业融资的一种重要方式，企业为了筹集资金而发行债券这种信用凭证，持券人按期取得固定利息，到期收回本金，企业负有到期还本付息的义务。

具体来看，旅游产业融资债券在实践中存在多种可能的方式，企业可根据项目的具体情况来综合考虑采取哪种债券融资模式。旅游产业企业债，是指具有法人资格的相关企业依照法定程序发行，约定一定期限内还本付息的有价证券，企业债券的发行由国家发改委审核。旅游产业公司债，是指相关公司依照法定程序发行、约定在一定期限还本付息的有价证券。公司债券可以公开发行，也可以非公开发行。公开发行公司债券，应当符合《证券法》、《公司法》的相关规定，并经证监会核准。旅游产业中期票据，是指企业依照中国人民银行颁发的《银行间债券市场非金融企业债务融资工具管理办法》及中国银行间市场交易商协会的相关自律规则和指引、由具有法人资格的非金融企业在银行间债券市场按照计划分期发行的、约定在一定期限还本付息的有价证券，其所募集资金主要为满足企业长期资金需求。旅游产业也可以境外发债，但从当前实践来看，我国企业境外发债的主体主要以金融业企业为主。在非金融企业中，城投和房地产企业境外发债的情况比较多，旅游产业境外发债融资用于国内旅游项目资源的开发的实例目前还不是很多。

八、PPP 融资

PPP（Public-Private Partnership）是近几年非常火热的一个舶来概念。这种PPP融资模式的主要内涵是指由公共（Public）利益（通常由政府代表）与私人（Private）利益（通常由企业代表）在特定行业中的一种合作（Partnership）关系。旅游项目的开发与运营是应用PPP融资模式的一片热土。旅游产业和PPP模式能够结合是诸多的因素促成的综合结果。旅游产业项目兼具公共属性和商业属性，且其融资需求大。这些因素决定了PPP模式是一种值得考虑的有效方式。旅游产业项目开发可能涉及自然资源开发、景区基础设施建设、公共配套设施建设等环节，这些环节往往需要大量的资金投入，但整体收益和资金回报却相对较低，PPP模式相对其他融资模式对这种周期长、大规模的投资项目有更好的适应性和匹配性。

就以上简要介绍的旅游产业投融资模式，我们将在后续章节结合旅游产业的实际情况进行详细介绍。

第八章 PE/VC与旅游产业投资基金

旅游产业项目的开发、运营等需要大量的资金投入。与其他产业一样，PE/VC与产业基金也在旅游产业的项目融资中扮演了非常重要的角色，但这些融资方式运用到旅游产业这个具体的产业类型中，也会有其自身的特点，例如PE/VC对旅游产业投资可能存在的偏好，旅游产业投资基金的运作、投资特点等。这些都值得旅游产业项目的从业者了解和关注，并且在具体项目实践中进行把握。本章就将对以上相关问题进行介绍。

第一节 PE/VC与旅游产业

一、PE/VC 的基本概念

PE是Private Equity的缩写，即私募股权投资基金。VC是Venture Capital的缩写，即风险投资/创业投资基金。

基金和股票、债券一样，都属于一种直接投资的方式。什么是基金？可以用一个简单的举例来说明。假如您有一笔闲钱，想要投资债券、股票等证券进行理财增值，但是一方面您自己平时工作繁忙、无力亲自打点进行投资，另一方面您又缺乏专业的知识，害怕因为自身专业知识的不足而在证券市场上遭受挫折，那么您可能会考虑找几个和您有共同想法的人，把资金交给一个投资高手，让他来操作大家的资金进行投资活动，投资高手将投资所获得的收益交付给您们，但是这种代为投资的行为肯定不是无偿的，投资高手将从您们交付给他进行投资的资金中抽出一定比例，作为自己的劳务费报酬。基金正是如此，基金管理公司就是这里说的投资高手，只不过真正的基金管理公司所管理的资金规模可能是这里的百倍千倍乃至更多。

根据“投资高手”——基金管理公司对募集来的资金进行投资的方向和投资对象的不同，可以将基金分为股票型基金、债券型基金、混合型基金、货币市场基金等不同种类的基金。股票型基金是指绝大部分资金投在股票市场上的基金，债券型基金是指绝大部分资金投在债券市场上的基金，混合型基金是根据情况将部分资金投在股票而另一部分资金投在债券上的基金，或者投资在其他品种上，货币市场基金是指全部资金只投资在货币市场上的各类短期证券的基金。

PE私募股权投资基金，是指通过私募/非公开的方式对非上市企业进行权益性的投资，并以策略投资者的角色积极地参与到被投资企业的经营管理之中，最后通过被投资企业上市、并购或管理层回购等方式，PE投资机构出售其持有的股权而获利退出的基金形式。VC风险投资/创业投资基金是一种高风险、高收益的投资，主要目标为蕴含高风险的新技术和新产品，通过资本的投入使得这种技术、产品在研发、生产的早期阶段能获得较多的资金来加速技术的成果化、商业化及产业化，从而从投资中获得较高的收益。

如前文所述，PE私募股权投资有广义和狭义之分。广义的PE涵盖了企业首次公开发行募股（IPO）之前的各个阶段的权益投资。狭义的PE主要是指对已经具有一定规模的、较为成熟的企业所进行的私募股权投资，主要处在中后期的阶段。在我国，我们常说的PE主要指的就是这种狭义上的PE，而VC特指对初创企业进行的PE投资。

除了在投资的阶段上有所不同之外，PE与VC在投资规模、投资理念和投资特点等方面也有比较大的差异。在投资规模上，VC通常要比PE投资规模小。在投资理念上，VC通常主要只进行财务投资，即为创业初期的企业注入资金，但是并不过多地干预企业的发展方向和决策，主要的目的是为了获得财务上的收益；相反的，PE往往进行的是战略投资，不仅为企业注入资金，占有企业股权，还参与企业的经营管理，影响企业发展战略、产业的整合等，具有更大的雄心。此外，VC通常采用直接投资的方式，而PE则很多会采用财务杠杆，运用融资渠道进行投资。

二、PE/VC 的法律规定

在2013年之前，我国对PE/VC的监管是多头监管，多部门监管。2013年，中央机构编制委员会办公室（即中央编办）发布《关于私募股权基金管理职责分工的通知》，明确PE/VC归证监会监管，即证监会负责制定私募股权基金的政策、标准与规范，对设立私募股权基金实行事后备案管理，负责统计和风险监测，组织开展监督检查，依法查处违法违纪行为，并承担保护投资者权益的工作。

PE/VC的法律法规相当纷繁复杂。综合类法律法规包括《私募投资基金监督管理暂行办法》、证监会关于《私募投资基金监督管理暂行办法》相关规定的解释（一）、（二）等；私募投资基金管理人登记和基金备案的相关办法、解答等；私募投资基金募集的相关规定、答复、通知等；私募投资基金运作的相关规定（如内部控制、信息披露、开户和结算、基金估值）等；创业投资基金的规定（如《创业投资企业管理暂行办法》）等；基金从业人员管理、基金业务外包等的通知和规定等。

需要提示的是，PE/VC投资机构往往需要及时关注证监会或中国基金业协会等发布的各类通知、答复、解答等。虽然这些通知和答复并非正式的法律渊源，但事实上，其已成为PE/VC投资机构最为依赖和关心的实操依据。

三、旅游产业中的 PE/VC

近些年来，随着消费升级的发展，文化旅游产业投资也成为产业企业和资本机构重点关注的领域。

据统计，2017年第一季度，有超过18家在线旅游企业获得了30余家PE/VC机构的投资，参投的机构包括经纬中国、险峰长青、复星集团、腾讯、红杉中国等知名机构。不过，据了解，目前，PE/VC的投资主要方向为旅游网站或旅游APP产品等，比如携程、途牛等知名的B2C在线旅游服务网站、“航班管家”等旅游产品。

私募股权投资也有参与到旅游景区等旅游产业的开发建设中。投资人把资本投入到市场前景良好的景区项目，为投资人提供长期期权投资和增资服务，培育企业快速增长，数年后通过上市、兼并或者其他方式，获得投资回报。但是，目前PE/VC的投资更侧重于上文所说的旅游业的在线轻量市场，而比较少的进入传统的重量市场，如景区的开发、运营等。主要原因可能是因为景区的开发和运营等资源主要掌握在地方市场手中，还未形成资源的交易平台；另外，景区的经营往往也由地方具有官方背景的企业来负责，或者由当地政府参与的投资基金掌握，而对完全由市场化资本构成的PE/VC的投资比较慎重。不过，越来越多的PE/VC投资者开始对完整的旅游产业链表示出兴趣，不仅参与到轻量在线旅游产品的投资，同时也逐渐参与到传统旅游产业开发、运营的投资过程中，比如与政府资金合作设立旅游产业投资基金对具体的旅游项目进行投资等。

第二节　旅游产业投资基金

一、产业投资基金的基本情况

（一）产业投资基金的概念

产业投资基金是一种对特定产业中未上市企业进行股权投资的基金。产业投资基金的投资以股权投资为主，即购买产业中的未上市企业的股权，成为这些企业的股东[①]，但同时产业投资基金也要为这些企业提供经营管理服务，提升这些企业的业绩，以确保能够获得投资收益。因此，我们可以给产业投资基金下一个更加精确的定义。产业投资基金，是一种对未上市企业进行股权投资和提供经营管理服务的利益共享、风险共担的集合投资制度。

此外，我国的产业投资基金有一个非常明显的特点，即我国目前大部

① 以旅游行业为例，目前市面上有各种名目的基金，例如甘肃旅游产业投资基金、浙江旅游产业投资基金等为代表的多数旅游产业基金，江苏省旅游产业发展基金为代表的少数旅游产业基金，前者主要是股权投资为主，后者则可能并不一定采用股权投资的方式，如《江苏省旅游产业发展基金管理办法》中规定，基金投资采用债权投资方式，实际上是一种优惠性的贷款政策。这里我们所说的产业投资基金主要是以股权投资为主的基金模式。

分的产业投资基金的背后都有政府的影子，产业投资基金的资金来源可能是政府直接财政投入，也可能是来源于当地国有企业。事实上，国务院最早在《国务院关于加强地方政府性债务管理的意见》（国发〔2014〕43号）中就曾提出要推广使用政府与社会资本合作模式。从这之后，产业投资基金便成为了各级政府融资的重要方式之一，“中央财政出资引导设立中国政府和社会资本合作融资支持基金……与具有投资管理经验的金融机构共同发起设立基金，并通过引入结构化设计，吸引更多社会资本参与”①。政府出资产业投资基金的出现改变了以往财政资金直接注资、贷款贴息、担保补贴等方式，由于国家政策支持、政府参与等因素，产业投资基金对投资者具有很强的吸引力，政府可以以小资金撬动大项目，筹措发展资金促进地方相关产业的发展。

（二）产业投资基金的运作阶段

任何事物的发展都有一个从始到终的过程，产业投资基金也不例外，产业投资基金从设立到终结大概会经历募集、投资、管理、退出等几个阶段，整个过程可能需要数年不等。因此，产业投资基金和其他投资行为一样，是一个需要耐心的长线过程。

产业投资基金各阶段

1. 募集

我国《产业投资基金管理暂行办法》规定，产业投资基金应以私募为主。所谓“私募”，是相对于“公募”而言的一种资金募集方式，顾名思义，即私底下进行募集，不对社会公众进行公开募集，只对特定的金融机构、政府引导基金、地方大型企业等特定机构投资者募集资金。这样的考虑可能是因为产业投资基金所募集的资金往往体量较大，而公众投资者往往并不具有相应

①《国务院办公厅转发 < 财政部、发展改革委、人民银行关于在公共服务领域推广政府和社会资本合作模式指导意见 > 的通知》(国办发 (2015)42 号) 第 21 条。

的资金实力；即便有此实力，一旦涉及对公众进行募集，势必将不可避免地按照《证券法》的有关规定进行披露，而披露成本的上升对于各方来说都是不经济的。

2. 投资

不同的产业投资基金会有其不同的投资偏好。例如，某些产业投资基金以投资旅游产业中的企业、基础设施建设等作为投资对象。例如，浙江省古村落保护利用基金主要的资金流向为保护和提升古村落，尤其是古村落保护性的旅游开发。再比如，洛阳文化旅游产业发展基金则以推动洛阳旅游产业整合为切入点，主要资金用于洛阳市3A级以上景区的并购和提升改造。另外，某些产业投资基金是以投资体育产业为主，比如由中国体育报业总社联合北京鼎新联合投资管理有限公司设立的中体鼎新体育产业投资基金，其主要资金投向体育用品制造、体育场馆运营、健身服务等体育产业相关企业。各类产业投资基金在对相关企业的潜在价值进行评估后，以大额资本投入助推企业发展，后在合适时机通过各类方式退出以实现资本增值收益。

3. 管理

产业投资基金的管理主要是指金融机构、政府引导基金、相关企业等组建产业投资基金后对产业投资基金的把控和管理。事实上，产业投资基金一般会由具有专业投资知识与经验的专业金融组织进行管理，比如说基金管理公司，由专业的基金管理公司负责基金的具体运作和日常管理，对外进行投资而谋求基金资产不断增值且实现基金持有人利益的最大化。

4. 退出

普通个人如果买了某家公司的股票，当该股票行情较好，价格上涨时便有可能会考虑此时将股票在市场上卖出，在退出所投资公司的同时赚取股票买入卖出的差价，实现既定的投资目标。产业投资基金亦是如此，产业投资基金不可能永远投资于某几个企业，一旦实现既定的投资目标，就应当及时退出，将资金投入到下一轮的投资活动中，获取更大的收益。

产业投资基金的投资和个人买股票投资有相似性，都属于股权投资的方式。产业投资基金的退出方式主要有三种：一是公开上市，被投资企业通过主板、中小板、创业板市场上市，然后，产业投资基金通过二级市场转让所持有的股份退出；二是通过股份转让（包括产权交易市场和股权交易中心），通过卖出所投资的股份形式退出；三是当企业不能上市或者也无法转让股份时，可以通过股权回购机制等方式退出。

（三）产业投资基金的组织形式

如前文所述，产业投资基金和普通的基金一样，一般可以采用公司制、合伙制、契约制等组织形式。产业投资基金根据不同的组织形式，分别制定投资基金公司章程、有限合伙协议和合同等，明确产业投资基金设立的政策目标、基金规模、存续期限、出资方案、投资领域、决策机制、基金管理机构、风险防范、投资退出、管理费用和收益分配等各项内容。

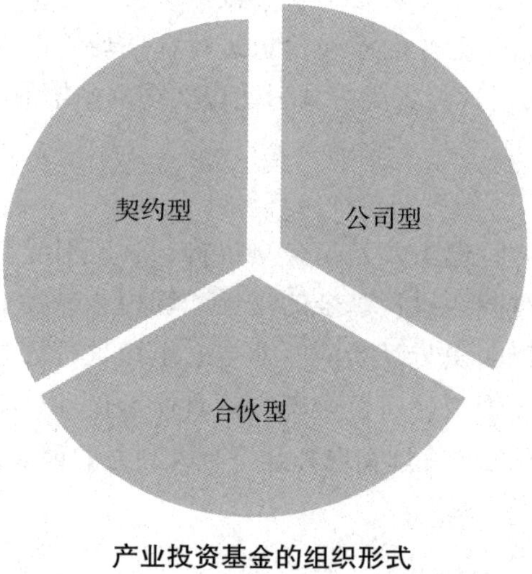

产业投资基金的组织形式

1. 公司型产业投资基金

公司型产业投资基金通常是有限责任公司的形式，投资者成为公司股东，因为公司型基金的很大部分决策权在董事会，而董事会成员又由作为股东的投资人确定，因此投资人的知情权和参与权较大。但是，公司型基金存在双重征税、重大事项决策效率不高等缺点。公司型基金内部设立投资管理团队进行自我管理或者委托基金管理人，如基金管理公司进行基金资产的投资经营管理。

2．有限合伙型产业投资基金

有限合伙型产业投资基金，通常由包括政府在内的投资者和基金管理人组成有限合伙型的基金组织。政府等通常作为有限合伙人，虽然不能参与该基金组织的经营管理，但通常可根据具体的合伙协议约定，享有咨询权、监督权，对重大问题如提供担保、处分合伙财产有权参与和决定；基金管理人等承担很少的象征性出资义务，作为普通合伙人负责基金的日常经营管理投资，基金管理人通常收取2%左右的管理费和20%左右的利润提成。

3．契约型产业投资基金

契约型产业投资基金，一般由受托人（如基金管理公司、基金保管机构）和作为受益人的投资方签订信托投资契约。基金管理公司以受托人的身份行使基金的经营管理权。目前，我国契约型的产业投资基金主要通过信托公司来募集设立，结合资金信托计划成立。但是，契约型基金只是一种由合同约定的资金的集合，不具有法人资格和其他实体形式。因此，契约型产业投资基金投资未上市企业的股权时，无法以股东身份进行工商登记，一般只能以基金管理人的名义认购项目公司股份。

（四）产业投资基金的监管体系

根据我国《产业投资基金管理暂行办法》的规定，产业投资基金应以私募为主。《政府出资产业投资基金管理暂行办法》（发改财金规〔2016〕2800号）规定，政府出资产业投资基金包括股权投资基金和创业投资基金（排除了证券投资基金）。因此，产业投资基金的设立和运行需要遵守《私募投资基金监督管理暂行办法》、《创业投资企业管理暂行办法》等规定；同时，如果是政府出资的产业投资基金，还要遵守《政府投资基金暂行管理办法》、《政府出资产业投资基金管理暂行办法》等规定，可能会面临更加复杂的多重/多头监管的问题。

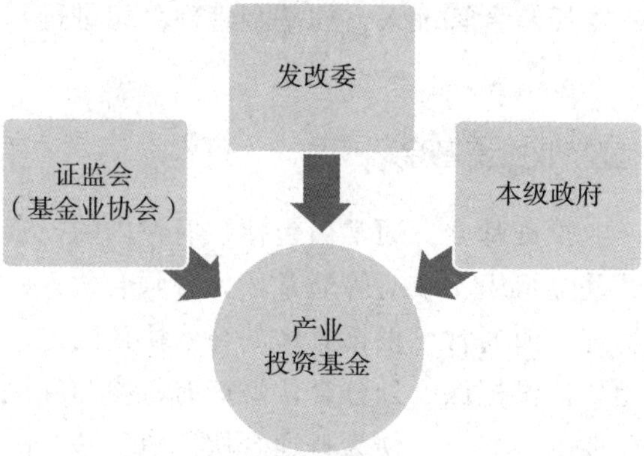

产业投资基金监管体系

1. 证监会（基金业协会）登记、备案

根据《证券投资基金法》、《私募投资基金监督管理暂行办法》的规定，私募基金的管理人应当向基金业协会履行私募投资基金管理人登记手续，所管理的私募基金应当在基金募集完毕后20个工作日内在基金业协会指定的“资产管理业务综合报送平台”履行基金备案手续。

2. 发改委备案

如果产业投资基金是创业投资基金的形式，且注册为创业投资企业的，还受制于《创业投资企业管理暂行办法》的规定。根据该规定，国家对创业投资企业实行备案管理，分国务院管理部门（国家发改委）和省级（含副省级城市）管理部门（通常也为地方发改委）两级。这种备案管理实际上是自愿性的，接受监管的创业投资企业可以享受政策扶持，比如税收优惠、国家和地方政府设立的创业投资引导基金的扶持等等。①如果不进行备案接受相关监管，则无法享受到这些优惠政策。另外，如果该创业投资基金是外商投资企业的，则需要适用《外商投资创业投资企业管理规定》的特殊规定。

① 《创业投资企业管理暂行办法》第3、4、22、23条等。

此外，政府出资的产业投资基金[①]还有以下的特殊监管：

3．本级政府批准

根据《政府投资基金暂行管理办法》（财预〔2015〕210号）（210文）的规定，政府出资设立投资基金，应当由财政部门或财政部门会同有关行业主管部门报本级政府批准。

4．发改委登记

发改委《政府出资产业投资基金管理暂行办法》具体规定了对于政府出资产业投资基金的管理。该规定要求除政府外的其他基金投资者为具备一定风险识别和承受能力的合格机构投资者，但是并没有规定“合格机构投资者”的具体内涵，或者明确其是否就是《私募投资基金监督管理暂行办法》中规定的“私募基金的合格投资者”。该规定对政府出资产业投资基金管理人（第20条）和托管机构（第21条规定托管机构应为中国境内设立的商业银行等）等做出了具体规定。不过，该规定的核心内容是，发改委将建立全国政府出资产业投资基金信用信息登记系统，以及各区域政府出资产业投资基金信用信息登记子系统，并要求中央各部门及直属机构出资设立的产业投资基金在募集完毕后的20个工作日内，应在全国系统登记，地方设立的产业投资基金在募集完毕后20个工作日内，在本区域子系统登记。各级发改部门将在政府出资产业投资基金材料完备（第16条）后5个工作日内登记，并在登记后30个工作日内对产业政策符合性进行审查（第13条、第15条）；对于未通过产业政策符合性审查的政府出资产业投资基金，将出具整改建议书，并抄送相关政府或部门。登记并通过产业政策符合性审查的各级地方政府出资产业投资基金，可以按规定取得中央出资产业投资基金母基金支持。该文还规定政府出

① 根据《政府出资产业投资基金管理暂行办法》的规定，政府出资产业投资基金中的“政府出资”，政府出资的资金来源包括财政预算内投资、中央和地方各类专项建设基金及其他财政性资金。一般的国有企业的出资不能等同于政府出资，国有企业的出资也没有办法纳入政府出资产业投资基金的范畴。是不是政府出资产业投资基金，关键在于看资金最终来源是国有企业的自有资金，还是财政投入资金，例如北京旅游发展基金，是已经完成注册登记的北京市政府出资产业投资基金，其出资人之一的北京市工程咨询公司是北京市发改委下属的国有独资公司，根据公开资料显示，北京市旅游委委托北京市工程咨询公司代为出资。

资产业投资基金对单个企业的投资额不得超过基金资产总值的20%等。

对于政府出资产业投资基金来说，似乎同时面临了本级政府、证监会（基金业协会）、发改委等部门的监管。当然，上述梳理仅是根据对相关规范的初步理解作出，作为问题提出供读者探讨。但不可否认的是，随着政府出资产业投资基金的兴起，与此相关的咨询领域、法律服务领域等的服务需求也会越来越大。

二、一种具体的产业投资基金——旅游产业投资基金

（一）可行性及优势

旅游产业投资基金是产业投资基金的一个重要分支，其投资方向主要在旅游业。该基金主要是通过市场化的融资平台引导社会资金流向，筹集发展资金，促进旅游基础设施和旅游景区的开发建设，助推旅游产业结构升级以及挖掘和培育优质旅游上市资源等等。

旅游产业投资基金的推广目前来看已经具备了政策、法律和资本等环境基础。从政策层面来看，《国务院关于促进旅游业改革发展的若干意见》（国发〔2014〕31号）提出，由政府引导，推动设立旅游产业基金，而且，目前在各地也相继出台了各省市关于旅游产业投资基金的相关政策文件；从法律层面来看，目前我国产业投资基金发展的法治监管环境已经初步具备，尤其是涉及政府出资的产业投资基金的相关规定在近些年来相继出台；此外，最为重要的是，随着我国经济发展，民众的消费需求提升，对于优质旅游产品的需求也水涨船高。哪里有需求，哪里就有资本。旅游产业就像一座富矿一样，形成了对资本前所未有的强大吸引力。

据统计，目前至少有20多个省份设立了省级旅游产业投资基金。旅游产业投资基金的发展进入了快车道。例如，四川省由省财政出资3亿元，引入其他投资者资金9亿元，设立了四川旅游产业创新发展投资基金。该基金重点为“大峨眉”、“大九寨”、“大成都”等多个国际级别度假区，以及中国其他核心景区的优质旅游资源和创新型投资机会。该基金目前已与成都文旅集团、青城山、剑门关、阆中古城等省内核心景区进行了对接。再如湖南省由省直部门整合现有专项资金出资，吸纳社会资本出资设立了湖南文化旅游产业投资

基金；北京市旅游委吸纳社会资本设立北京旅游发展基金；宁夏财政厅出资专项资金吸纳社会资本设立宁夏文化旅游产业种子基金，为推动宁夏文化旅游产业发展做出积极贡献。

事实上，引入旅游产业投资基金来发展旅游产业，具有单纯银行贷款为企业提供资金等方式所不具备的优势。首先，与银行贷款相比，引入产业投资基金的门槛较低，效率较高。因为银行贷款每年有相对限定的额度，并且对贷款人会做一定的筛选，门槛较高，一些中小企业很难获得银行的贷款；而产业投资基金相对于银行贷款而言，对于企业的限制较少。由于缺少资金投入，旅游目的地的住宿餐饮项目均无法进一步扩大规模，相应的接待能力跟不上游客的需求，导致出现在旅游旺季一房难求、严重供应不足等问题。其次，产业投资基金的股权投资也不会作为被投资公司的负债而反映到公司的资产负债表上，避免了融资过于集中于银行贷款，导致过高的资产负债率而对被投资公司再融资能力产生不利影响。最后，产业投资基金通常由具有专业能力和资源的基金管理公司管理。为了保证基金投资的公司能够带来预期的收益回报，基金管理公司一般会引入专业的旅游管理专家到被投资公司，直接参与公司的经营管理，帮助公司做大做强。例如，后文将会提及的中信产业基金在投资白石山景区后，邀请专业人员加盟，负责白石山景区的营销工作。

（二）投资模式

从目前实践来看，旅游产业投资基金通常可以采取母子基金投资、直接股权投资、重组并购等投资方式。

1．母子基金投资

在母子基金投资模式下，比较普遍的是省级政府与金融机构合作设立产业基金母基金（俗称引导基金），母基金再与地方政府、金融机构等成立项目子基金，负责对地方具体的旅游项目的投资，母基金在项目子基金中一般做优先级有限合伙人，地方政府做劣后级有限合伙人。母基金可投资于多个项目子基金。由于省政府、地方政府的资信较高，往往吸引了银行等金融机构的参与。

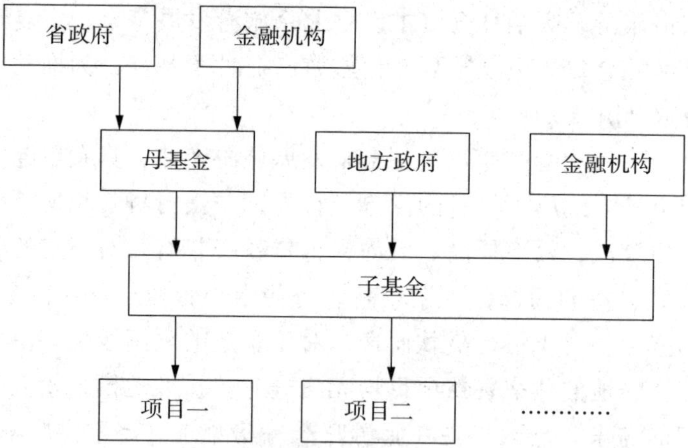

母子基金投资模式

2. 直接股权投资

在直接股权投资模式下，比较普遍的是地方国企和金融机构共同出资成立基金管理人，作为普通合伙人的基金管理人和作为有限合伙人的地方国企再共同设立旅游产业投资基金，对项目进行股权投资。

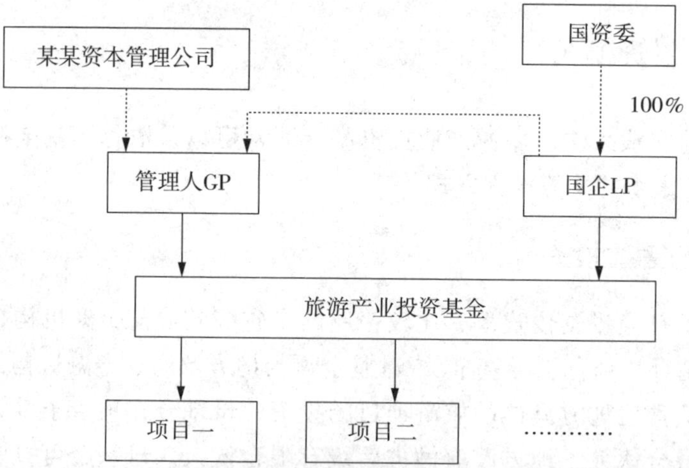

直接股权投资模式

3．重组并购投资

旅游产业投资基金进行重组并购投资是指旅游产业投资基金对旅游景区的企业进行升级、改造、提升，包括旅游专项资产并购整合，如索道、观光车、旅游客运、连锁酒店等，参与旅游上市公司定增与并购等。

以上三种只能说是实践中相对比较常见的旅游产业投资基金的投资模式。随着旅游产业投资基金发展的日臻成熟，将会出现更多更灵活的投资模式。

至于旅游产业投资基金究竟是如何开展投资工作，如何选定投资项目开始投资程序等，主要需要依赖于当地省市政府出台的相关办法、旅游投资基金自身可能存在的合伙人协议或公司章程等文件的规定进行落实。比如《甘肃旅游产业投资基金管理暂行办法》就规定了该政府出资的旅游产业投资基金的具体运作办法，规定了基金的组织架构、基金的运营管理、基金的终止与退出等具体问题。该暂行办法要求基金管理公司根据相关规定在充分调研论证的基础上提出项目建议，主发起人审查论证后，向基金管理委员会报备，最后提交基金投资决策委员会审定项目；在项目资金投入后，基金管理公司还要对被投资企业或项目在战略定位、发展规划拟定、市场拓展、融资安排、并购重组等方面提供增值服务和投后管理等。事实上，旅游产业投资基金选中的投资项目通常是符合当地旅游产业发展规划、符合当地政策要求并且具有发展潜力和投资价值的旅游项目资源。当地政府不仅仅希望可以通过投资该类旅游项目资源可以获得直接的投资收益，同时，旅游项目资源的开发也能带动当地的就业、其他基础设施的完善，促进当地经济的发展，给地方政府带来税收收入。

（三）我国旅游产业投资基金的经验与教训

1．有益的经验：坚持市场化的运作方式和专业化团队管理

以目前实践中比较常见的合伙型旅游产业投资基金为例。在政府出资产业投资基金中，政府出资占了相当重要的部分，然而政府并不作为基金的管理人直接参与基金的日常管理等工作，而通常将基金的管理工作交给占基金出资极少部分的基金管理公司来负责。然而，此类政府出资旅游产业投资基金可能就会面临一个矛盾的地方，即在政府出资旅游产业投资基金中如何处理好政府与市场这二者之间的关系。对于这一点，北京旅游产业基金建立了

相互协调的机制。一方面，保有相对的灵活性，即北京旅游产业基金由专业的管理团队负责管理，并且在内部建立起专门的投资制度，由专门的投资决策委员会对是否投资相关项目进行研究表决；另一方面，对于一些重要的方向性问题，北京市旅游委也保有“一票否决”的权力，从而对旅游产业基金的重大问题实施有效的管理。例如，北京市旅游委要求该基金在投资时需要遵守一定的投资限制政策，即基金投资于北京地区企业的资金不得少于80%，另外投资于旅游相关领域企业的资金也不得少于80%，对于违反旅游委规定的既有的投资政策的问题，北京市旅游委可以“一票否决”。[①]与此类似，浙江省旅游产业投资基金也坚持了上述原则，在旅游项目入库时会重点考察项目所具有的示范意义、是否符合相关政策的方向等因素，并且对项目的投资比例作出宏观层面的规定；在具体运作上，则由专业化的管理团队进行实际运营管理，从而较好地理顺了政府引导与市场配置之间的关系。

此外，旅游产业投资基金发展的关键之一是选择好优秀的管理团队。优秀的基金管理团队不仅仅要熟悉风险把控，更要熟悉行业的背景。根据中信产业基金的相关人士介绍，中信产业基金在2013年投资了河北白石山景区，在白石山拥有一定比例的股权。虽然该景区在十几年前就已运营，但始终未得到市场关注。中信产业基金在投资白石山之后，为景区引入市场化的管理团队。在景区的营销方面，中信产业基金引入曾经在浙江宋城演艺工作过的专业人员加盟，专门负责整个景区的市场营销工作。经过前期的充分准备和营销，2014年9月以惊险刺激主打的白石山景区玻璃栈道突然在网络上蹿红，立即就吸引了大家的眼球。火速蹿升的白石山玻璃栈道热度带动景区的日接待游客量很快就达到了高峰。游客们被白石山的玻璃栈道吸引前来游玩之后，更被白石山景区秀美的景色所感染。景区得到游客极佳的体验反馈，形成了品牌的扩散效应。市场化的表现形式和结果就是“由专业的人做专业的事”。旅游产业投资基金要想充分发挥市场的作用，推动当地旅游产业的发展，就必须有熟悉旅游行业的专业化的管理人才，用人才推动行业的发展。

2．要注意的风险和教训

在投资过程中，旅游产业投资基金也要随时保持清醒的头脑，在资本的

① 李志刚．扶持资金变基金，旅游发展添动力，载2017年4月26日《中国旅游报》第1版：http://news.ctnews.com.cn/zglyb/html/2017-04/26/content_144144.htm?div=-1.

大潮中要保持自身的定力，既要有敏锐的商业判断能力，也要有基本的法律风险防范意识。

旅游产业基金在投资相关地区的旅游资源之前，必须要详细地调查当地的旅游资产体量是否能够满足投资行为。目前，很多参与旅游产业投资基金的机构此前缺乏旅游投资的相关经验，投资行为往往具有一定盲从性，而并非基于自身的专业判断。因为政府出资的旅游产业投资基金通常要求基金规模的一定比例需要投资于当地，所以投资者在与地方政府等联合设立旅游产业投资基金时，必须对目标地域的资产体量进行排查，清晰地确定当地所存在的优质景区、酒店等标的；在了解优质标的的具体情况，并在确保该资产体量能满足投资行为之后，再考虑旅游产业投资基金的设立问题，否则最后极有可能是"竹篮打水一场空"。例如，如果设立10亿规模的政府出资旅游产业投资基金，而政府要求基金规模的50%以上需要投资于当地，但是当地根本不存在5亿体量的优质旅游项目，则在此情况下，投资者一旦贸然进入，最后很有可能无法保证获得预期的收益回报。

旅游产业基金投资相关地区的旅游资源要有基本的法律意识，要注意相关资产的合规性。在这一方面，国有景区在土地、经营权等问题上相对规范一些；而民营景区大多是由当地房地产开发商经营，需要特别注意此类景区是否符合规划和建设要求，土地权证和规划证照等是否齐全，经营权协议是否合规等；同时，因为景区的收入与酒店类似，有现金账、POS机等收支，在实践中比较容易避税，还应当特别注意税务合规问题，防止因为偷税漏税等问题而对投资者造成不利影响。目前，民营景区在合规方面存在的问题较多。一旦出现公司上市等情况，历史上的不合规问题会给投资者带来很大的风险和障碍。

总之，投资者在参与旅游产业投资基金设立，进行旅游产业的相关投资时，应当加强自我判断。事实上，基金管理人为了赚取管理费用，有可能会盲目撮合投资基金的设立；有明确的投资标的时，应当根据资产体量和尽职调查的结果，决定是否参与设立投资基金及投资基金的规模大小，尽力将风险降低到最低。

第九章　旅游产业ABS和REITs融资模式

2016年以来，国家房地产调控政策逐步紧收，银行削减了房地产建设工程的信贷额度，债券市场也放缓了房地产开发项目的发债进度。旅游地产项目等旅游项目开发的传统融资方式也相应受到了很大的限制。资产证券化的出现，为旅游产业开辟了新的融资渠道。本章主要介绍ABS和REITs的概念和特点，并通过实操案例，较为具体地描述ABS和REITs在旅游产业的融资中的操作流程及其意义。

第一节　旅游产业ABS

一、ABS 的概念

资产证券化（即Asset Backed Securitization, 简称“ABS”）是一种融资方式，顾名思义，就是把资产“转变”为证券，再通过售卖这些证券而获取融资。“转变”为证券的资产被称为ABS的“基础资产”。如果ABS的基础资产不止一个，我们就可以说这些基础资产构成了一个“资产池”。

通过ABS融资，首先要确定“基础资产”。很多旅游资产价值高、不能随身携带，也不易迅速被售卖而转变为现金，因而缺乏流动性。但是运营这些资产可以在未来收获持续的收益，比如公寓、酒店和游乐场等。这些旅游资产的售价不菲，转让程序复杂，物业的业主很难快速地在市场上找到合适的买家。但是，业主可以通过运营公寓、酒店和游乐场等获取持续性的房租收入、住宿费收入和门票收入。在不考虑无形资产的情况下，我们可以将旅游资产笼统地分为两类：以游乐场、酒店基础设施、公寓大楼等为代表的固定资产，以及以固定资产运营收益为代表的未来现金流。以前者为基础资产的ABS被称为“固定资产证券化”，以后者为基础资产的ABS被称为“未来现金流资产证券化”。

有了基础资产，接下来我们就要把这些基础资产打包。打包基础资产的过程其实就是构筑一个“资产池”的过程。在旅游产业中，“固定资产证券化”的资产打包是将若干旅游固定资产组合为一个资产池，但这些固定资产并不需要位于同一地理区域。例如，某连锁酒店开发公司拟发起一个ABS，确定ABS的基础资产是公司自有的酒店。但该公司拥有的酒店众多，于是选择了其中六家经营情况良好的酒店（位于北京的两家酒店、位于上海的一家酒店和位于深圳的三家酒店）共同作为ABS的基础资产。将这六家酒店组合形成ABS资产池的过程，就是基础资产的打包。“未来现金流资产证券化”的资产打包是将若干个未来收益组合为一个资产池。例如，某海洋公园拟发起一个ABS，其未来收益包括公园门票收入、观光车票收入、海豚表演门票收入等。ABS项目可以将这些不同的门票，一起打包成为一个资产池。但需要注意的是，符合条件的单个基础资产也可以用来发行资产支持证券，因此，构筑资产池并不是ABS的必要条件。

下一步则为资产池的“转换”。所谓“转换”资产池，就是将资产池的价值用一组证券的面值表现出来。通俗来讲，就是发行一组面值不超过资产池价值的证券。首先，基础资产的原始所有人，也称原始权益人需要聘请专业的资产评估机构，估算出资产池的市场价值。之后，证券发行机构会根据估值，制作一组证券。这样，将资产支持证券放在金融市场上流动，就相当于把基础资产划分成若干个价值体量小的证券，放在市场上买卖，由此促进了旅游资产的流动性，推动了旅游资产轻量化的发展。另外，对于那些希望投资旅游资产，却没有充足资金购买整个资产池的投资者，可以购买部分资产支持证券，间接投资旅游资产，从而降低了旅游资产投资的门槛。

证券在本质上是一系列标注了票面价格的纸张，这些纸张本身没有太大价值。但是，在ABS中，这些证券代表了一个资产池，证券的价值实际上映射出整个资产池的价值。换句话说，证券的价值是被资产池的价值支撑起来的。因此，这些证券被称为资产支持证券。

二、资产支持证券的特点

ABS（Asset Backed Securitization），即资产证券化，是一种融资方式。而资产支持证券是通过ABS的方式而发行的一系列证券。我们应注意两者的区别①。一般来说，资产支持证券有如下特点：

资产支持证券是一种生息证券。实操中，资产支持证券的利息在发行时就会被确定，通常以固定利率计算，一般在5%～10%之间，也可能存在过高或者过低利率的情况。资产支持计划说明书中通常会明确说明利率的大小。

资产支持证券是一种流通证券。资产支持证券可以在二级市场上进行交易。ABS将原来不易流通的资产池，打包转换为资产支持证券，并将证券放在金融市场上流通，增加了资产池的流动性。

资产支持证券是资产支持类的证券。资产池给予了资产支持证券实实在在的价值。这些价值既表现为资产池本身的价值，也表现为该资产池未来的盈利能力。通常而言，对于“固定资产证券化”，该固定资产的价值越高，所能支持发行的证券总面额越大，原始权益人所能获得的融资金额也就越高。我们试举一例，某家五星级酒店的估值为30亿元，经过评估，其能支持25亿元面值的资产支持证券发行，并为原始权益人带来相应的融资；而一家三星级酒店的估值为1亿元，其仅能支持8000万面值的资产支持证券发行，能为原始权益人带来的融资总额将会大大减少。对于“未来现金流证券化”，一般而言，未来现金流越充裕，所能支持发行的证券总面额也就越大。而未来现金流取决于固定资产的盈利能力。再举一例，某个5A级景区的门票收入年估值为5亿元，以未来5年的门票作为资产池，能支持不超过25亿元资产支持证券的发行；而另一个3A级景区的门票收入年估值为5000万元，以未来5年的门票作为资产池，能支持不超过2.5亿元资产支持证券的发行。总的来说，资产池价值越高，盈利能力越强，其能支持的证券总面额越大，融资能力也就越突出。

关于资产支持证券与原始权益人之间的风险隔离，这里首先需要引入一个概念——SPV（Special Purpose Vehicle特殊目的载体）。ABS的原始权益人会设立或者委托ABS的管理人（通常是券商或者其他金融机构）设立一个SPV。

---

① 有些文章也将“资产支持证券”用ABS（asset backed securities）来表示。读者在阅读不同文章的时候，需要区分ABS在不同文章中的定义。

SPV是一家独立实体，该实体可以是公司、合伙、信托等，其设立目的就是为了发行资产支持证券，所以称为特殊目的载体SPV。原始权益人确定了资产池后，会将资产转让给SPV，从而将资产池从原始权益人自身的资产中剥离出去。这些被剥离的资产不再列入原始权益人的资产负债表当中。因此，即使原始权益人破产，原始权益人的债权人也不能追偿到该资产池，从而不会影响到该资产池支持的证券，最终实现了资产支持证券与原始权益人之间的风险隔离。

三、旅游产业 ABS 政策

近些年，对于ABS在国内发展，政策面利好。2012年，中国人民银行联合旅游局、证监会、保监会、银监会等部门发布了《关于金融支持旅游业加快发展的若干意见》。该意见指出，将鼓励金融机构探索旅游景区经营权和门票收入权质押业务。

国务院办公厅在2014年8月印发了《国务院关于促进旅游业改革发展的若干意见》。该意见提出，将支持旅游企业通过多种渠道获取资金，并将通过发展旅游项目资产证券化产品和发行公司债券等方式，支持旅游产业发展。

国务院办公厅在2015年8月印发了《关于进一步促进旅游投资和消费的若干意见》。该意见指出，要拓展旅游企业融资渠道，积极发展旅游投资项目资产证券化产品，积极引导预期收益好、品牌认可度高的旅游企业，探索通过相关收费权、经营权抵（质）押等方式融资筹资。

中共中央办公厅、国务院办公厅在2018年9月13日印发了《关于加强国有企业资产债务约束的指导意见》。该意见指出，要积极支持国有企业按照真实出售、破产隔离原则，依法合规开展以企业应收账款、租赁债权等财产权利和基础设施、商业物业等不动产财产或财产权益为基础资产的资产证券化业务。

四、ABS 的操作流程

为了便于理解，本节通过一个案例来阐述ABS的参与人和ABS的大致流程。

首先，确定基础资产。A是一家儿童游乐园的业主，拟将儿童乐园B作为

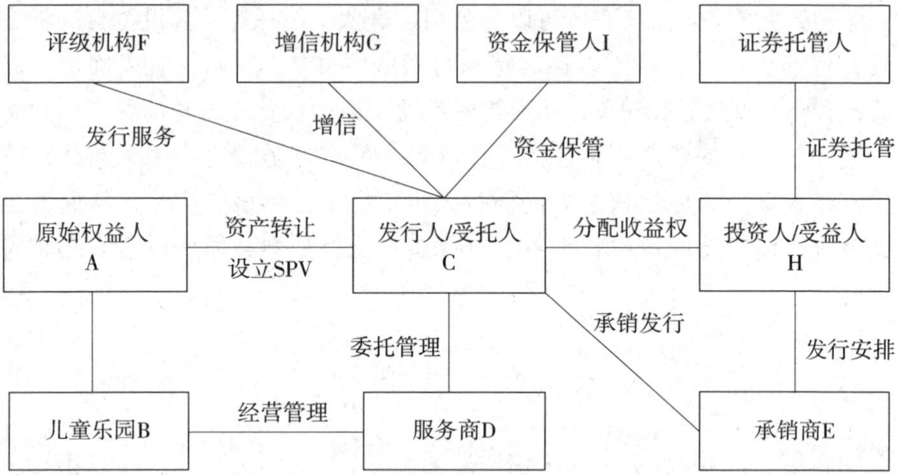

ABS 通常操作流程图

基础资产，发起ABS，获取融资。A被称为原始权益人。但A不是证券方面的专业机构，不懂得如何发行资产支持证券，因此，A聘请专业机构（一家券商）来具体操作ABS，发行资产支持证券。该券商被称为资产专项计划的管理人。

第二，设立SPV。SPV是特殊目的载体，也被称为是资产支持证券的发行人[①]，或者被称为接受原始权益人委托而发行资产支持证券的受托人。在上一节中我们提到，资产支持证券的一个重要特点就是风险隔离，或者说是破产隔离。要实现这种隔离，我们需要把儿童乐园B从A的资产中剥离出来。因此，需要设立一家SPV来买入B，从而实现隔离。因此，原始权益人A委托资产专项计划管理人设立了一家有限责任公司C，作为本次资产证券化中的SPV。此后，A将儿童乐园B转让给SPV，SPV享有儿童乐园的所有权。需要注意的是，A将儿童乐园转让给SPV需要出于真实的商业目的，即为了推进ABS获取融资。如果A是为了逃避债务，减少账面资产而转让儿童乐园，则达不到风险隔离的作用。

第三，聘请服务商。D是服务商，其主要职责是提供ABS的相关服务，包括按时收取资产支持证券产生的利息，按照约定派发利息给资产支持证券的投资者等。如果儿童乐园的价值发生减损，影响投资人H未来的收益，服务商

① 一般而言，SPV 可能由资产支持专项计划的管理人设立。如图所示，SPV 是整个 ABS 框架的核心，因此，我们有时候也称 SPV 为“资产支持专项计划”。原始权益人将基础资产转让给资产支持专项计划，基本等价于原始权益人将基础资产转让给 SPV。

还会督促原始权益人提供相应的补救和担保等。

第四，对资产支持证券进行评级。F是证券评级机构。F会将资产支持证券评为不同等级，一般包括优先级和普通级两种，或者优先级、普通级和劣后级三种。优先级资产支持证券持有人会优先获得本息，普通级持有人次之，劣后级最次。当资产池贬值或者资产池运营出现问题，无法充分偿付投资人H时，优先级资产支持证券的持有人会最先得到偿付。一般来说，劣后级资产支持证券风险最大，为了弥补高风险，其利率也最高。实操中，F给出的评级结果一般分为AAA，AA+，AA…BBB，BB+，BB等。其中，AAA级代表该资产支持证券的信用等级非常高，很有可能被按期还本付息，违约的可能性非常小。BB级及其以下证券的违约风险非常大，因此也被称为垃圾证券或者投机证券。国际上著名的评级机构包括惠誉、穆迪和标准普尔，权威性颇高。

第五，对资产支持证券进行信用增级。为了获取较高等级的信用评级，可能会引入信用增级机构G，通过某些增级措施，使F给出更高的证券评级。例如，G可以用自有的房屋或其他资产为资产支持证券设立抵押，一旦资产支持证券无法被足额偿付时，被抵押的房屋或资产就会被拍卖，拍卖获得的资金将用于偿付不能足额支付的差额。G还可以在银行开设专门账户，存入储备金，用来弥补投资人无法获得的本息差额。在上图中，G独立于原始权益人，所以G提供的信用增级又被称为外部增级。当然，G也可以是原始权益人，此时原始权益人和信用增级机构为一个法律主体。原始权益人为资产支持证券提供抵押、保证、储备金等信用增级，被称为内部增级。

第六，销售资产支持证券。E是资产支持证券的承销商，销售这些资产支持证券。承销商E向投资人H发售资产支持证券，从而获得销售资金。投资人H可以是自然人投资人，也可以是机构投资人。

第七，通过ABS获取融资。I是资金保管人。承销商E销售证券得到的资金会交给发行人C。发行人C会将资金交给资金保管人I管理。I通常是银行等金融机构。I最终会根据各方约定，将资金交予原始权益人A。据此，原始权益人A通过ABS获取了融资。

五、云南巴拉格宗入园凭证支持专项计划

除去非物质文化资产，云南巴拉格宗景区的价值主要体现在两个方面：

景区固定资产价值和运营景区产生的收益。然而，景区是自然资源，其所有权归属于国家或集体。因此，景区的运营公司不能将景区作为自有不动产，纳入ABS的资产池中。但是，公司拥有景区的运营权，可以将运营景区产生的收益作为ABS的基础资产，发行资产支持证券。

旅游景区的盈利项目包括门票、演出、餐饮、游船、观光车、索道等。运营这些项目可以带来较为稳定的现金流，符合资产证券化中对“未来现金流”资产池的要求。云南巴拉格宗入园凭证支持专项计划，以巴拉格宗景区的门票、观光车票和漂流设施使用凭证为资产池，发行资产支持证券。下文我们将对该项目进行介绍和分析：

（一）项目介绍

位于云南的AAAA级景区巴拉格宗被称为“曾被世人遗忘的角落”。该景区占地约176平方公里，是世界自然遗产红山片区的核心景区之一，风景秀丽，不乏娟秀美景和盛世风光。巴拉格宗景区行政上隶属于云南省香格里拉市，该市是国家级贫困市，工业基础比较弱，旅游产业是全市的核心产业之一。2016年4月，云南巴拉格宗入园凭证支持专项计划在深交所上市。该计划拟募集资金8.4亿元人民币。募集来的资金用于景区的日常经营、基础设施建设、深度开发、提升服务等。通过ABS，巴拉格宗旅游开发公司获取了较为充沛的资金，在较短的时间里，系统提升了景区接待游客的能力和水平，增加了景区整体的盈利效益。该项目的基础资产和资产支持证券的基本情况如下：

ABS的基础资产。巴拉格宗旅游开发公司拥有巴拉格宗景区五十年的特许经营权，运营期限从2003年持续到2053年。公司确认的资产池包括三个基础资产：未来七年的门票收入、观光车乘坐凭证，以及漂流设施使用凭证。其中，门票收入剔除了应当上缴财政的部分。因为巴拉格宗景区属于风景名胜，根据国务院在2006年9月发布《风景名胜区条例》规定，风景名胜区的门票收入和风景名胜资源使用费，一部分归属于景区运营公司，另一部分归属国家财政收入。上缴财政的门票收入应当从巴拉格宗旅游开发公司的资产池中剔除。

资产支持证券。巴拉格宗ABS一共发行面值为8.4亿元的资产支持证券。资产支持证券的基本情况如下：

云南巴拉格宗资产支持证券基本情况

资产支持证券	筹集目标规模	占比	评级
优先级	8亿元	95%	AA+
次级	0.4亿元	5%	未评级

其中，优先级资产支持证券进一步被划分为以下几个级别：

云南巴拉格宗优先级资产支持证券情况

份额类别	期限	募集目标规模	预期收益率
巴拉格宗04	4年	1.4亿元	6.4%
巴拉格宗05	5年	2.0亿元	6.5%
巴拉格宗06	6年	2.4亿元	6.6%
巴拉格宗07	7年	2.2亿元	6.7%
合计	——	8亿元	——

次级资产支持证券每份的票面价值为100元人民币，但是不对外发行，由原始权益人全额认购。这样约定的目的，是将ABS的项目大部分风险转移给原始权益人，保护了优先级资产支持证券持有人（投资人）的利益。次级资产支持证券的基本情况如下：

云南巴拉格宗次级资产支持证券基本情况

份额类别	预期期限	募集目标规模	募集对象
巴拉格宗次级	7年	4000万元	原始权益人
合计	7年	4000万元	原始权益人

（二）项目开展

云南巴拉格宗入园凭证支持专项计划主要分为三个阶段：选定ABS资产池、ABS前期尽职调查，以及ABS的具体实施。

第一，选定和评估资产池。如前所述，巴拉格宗旅游开发公司拥有景区的经营权，但没有景区的所有权。因此，不能把景区本身作为基础资产。公司最后选定的基础资产包括门票、观光车票和漂流设施使用票据。销售这些票据能在未来获得稳定、持续的现金流，符合"未来现金流资产证券化"对基础资产的要求。这些门票未来的具体价值不确定，因此，需要聘请专门的分析机构对票据的价值进行评估。根据《深圳证券交易所资产证券化业务回答》，深交所建议聘请有资格的资产评估机构对资产池的价值和现金流进行评估，据此确定拟发行资产支持证券的总额。在评估景区票据收入过程中，评估人需要判断未来特定时间内大约能卖出多少门票，这需要综合考虑景区知名度、周围交通、停车场、酒店等配套基础设施的完善程度等。

第二，前期尽职调查。发起人确定了ABS的基础资产后，还需要聘请律师事务所等专业机构对基础资产进行尽职调查。调查内容包括可能会影响基础资产的事实和事件。专业机构出具的尽职调查报告、法律意见等将向未来投资者予以披露，确保投资人充分知悉投资风险和项目的基本情况。一般情况下，尽职调查的内容具体包括：（1）景区的基本情况。该部分属于对景区的综合性描述，内容包括景区的面积、投资额、所属行业性质、历史和目前的运营情况、未来规划、自然和人文环境、交通便利程度，以及其与周围景区的竞争情况；（2）景区的证照取得情况，包括旅游景区的开发、建设和运营所取得的审批文件、景区各个项目收费权利的归属证明文件、开办相关娱乐项目的审批文件，以及收费价格的合规文件等；（3）景区的权属限制情况，例如，景区特许经营权归属是否清晰，是否存在非法占有和非法经营的情况，是否存在抵押或质押合同等；（4）景区的管理者情况，包括公司的历史沿革、公司的股权结构、组织框架、公司的运营状况、负债担保情况等；（5）资产池情况，包括资产池的历史收入和支出情况、资产池运营可能带来的收入，以及该收入的稳定性问题等。

第三，具体实施。（1）设立SPV。原始权利人聘请证券公司担任项目的管理人。原始权利人设立或者委托管理人设立SPV。（2）转移基础资产。原始权利人出于真实的交易目的，向SPV转让未来7年的景区门票、观光车票和漂流设施使用凭证。（3）做成资产支持证券。管理人以基础资产为支持，做成资产支持证券。这些资产支持证券会被结构化处理，也就是被分成优先级和次级两大类。（4）信用评级。由证券评级机构对资产支持证券进行信用评级。评级越高，说明债券违约的风险越小。（5）信用增进。信用增进方式包括结构化证券、超额现金流覆盖、文投集团提供外部担保等。另外，巴拉格宗旅游开发公司提供景区收费权为担保财产。公司承诺将其拥有的巴拉格宗景区收费权全部质押给专项计划，为公司的差额支付义务提供担保。（6）拟定《认购协议》。经过信用增级后，资产支持证券获得了较为满意的评级。证券公司根据评定结果，拟定《认购协议》，发放给资产支持证券的认购人。认购人签订该协议后，需要将资金存入管理人指定的账户中，并受让资产支持证券。（7）交付资金。专项计划管理人将取得的资金交予原始权利人。

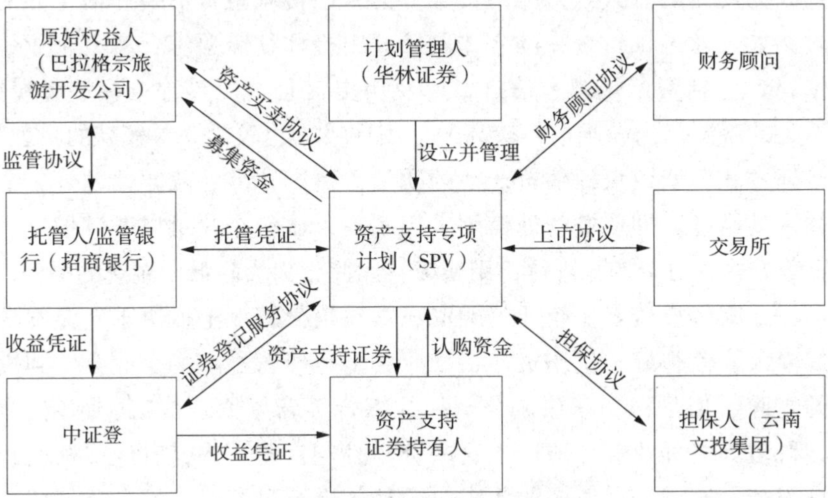

云南巴拉格宗专项计划流程图概要

（三）项目作用和意义

资产支持证券发行后，巴拉格宗旅游开发公司将获取的资金用于综合提升景区服务水平和接待游客的能力。2016年，巴拉格宗旅游项目的游客数量约为36.18万人次，同比增长64.45%，比预测游客量增加了1.31万人次。自2017年5月至2018年4月，资产池产生的现金流约为1.134亿元，比预期现金流增加了0.13%。具体来说，云南巴拉格宗入园凭证支持专项计划的意义包括：

首先，促进了景区发展和当地就业。巴拉格宗曾经因为缺乏资金，没有进行深度开发。受限于不完善的配套设施，无法吸引大量游客。ABS为巴拉格宗旅游开发公司提供了有力的资金支持。公司把通过ABS筹集的资金用于峡谷生态观光区、巴拉格宗文化体验区、香巴拉佛塔郎圣区等区域的建设，大大促进了景区的服务水平。由于景区开发工作的进展顺利，新增的服务项目也带动了更多人的就业，提供了新的收入机会。同时，当地旅游产业的发展，也促进了农牧业、养殖业、酒店业等的发展，起到了产业间相互促进的作用。

第二，降低了企业融资门槛。传统旅游行业的融资方式包括银行贷款、政府直接投资和民间借贷等。民营资本借贷的成本高，而且很不稳定；大额银行贷款的申请难度大；地方财政投入又十分有限。因此，旅游企业通常难以通过较为便捷的方式获得充足资金。另外，传统融资需要评估企业的综合信用。例如，通过银行贷款的方式融资，银行往往需要综合考察企业的综合信用情况，包括资产规模、信誉，以及历史借贷情况等等。一些规模较小、成立不久的旅游公司较难取得较高的信用评级，也较难获得较高的贷款额度。而资产证券化一般仅仅评估资产池的质量：资产池潜在收益性越好，证券的评级往往就越高。即使资产池信用等级不高，旅游企业可以通过担保、设立储备金等方式，对资产池进行信用增级。因此，大大降低了企业的融资门槛。

第三，吸引投资者。企业的融资成本在很大程度上取决于企业本身的质量。规模大、信誉好、优质资产多、业务多、经营稳定的企业会受到投资者更多的青睐。但是，一家旅游公司往往综合经营餐饮、住宿、休闲、娱乐、养生、科教等多种业务和资产。这些资产必定良莠不齐，有优质资产，也会有不良资产。这样，旅游企业作为一个整体进行融资时，不良资产就会影响投资者对于企业的综合考评。如果通过资产证券化融资，发起人将资产真实出售给SPV，就能使得基础资产跟旅游企业其他资产相分离。

第四，解决了旅游资产流动性不足等问题。旅游资产的价值高，市场流动性差，投资回收周期长。而旅游类资产证券化可以将大型旅游资产用证券来表示，并将这些证券投放到二级市场流动，增加了旅游资产流动性。另外，通过资产证券化获得的资金可以用来开发新的项目，而新的项目建成以后，又可以再次通过资产证券化获取新一轮的融资。

第二节　旅游产业REITs

一、REITs 的概念

房地产投资信托基金（Real Estate Investment Trusts，简称“REITs”）是一种信托基金，即通过发行收益凭证（一种资产支持证券）的方式，把社会上不特定多数的投资者的资金集中起来，交由专门的投资机构进行房地产投资经营，投资获取收益分配给投资人，投资遭受损失由投资人共同负担。简单通俗地说，REITs就是把很多人的钱凑到一块儿，交由管理人去投资房地产，赚到的钱大家分享，赔了的钱大家分担。

通常来说，REITs包括三大类：权益型REITs、抵押型REITs和混合型REITs。权益型REITs，是指将筹集的投资用于购买或开发房地产，并进行后续的管理和运营，再将运营获得的利润按照事先约定分配给投资人。抵押型REITs，是指将筹集的投资贷款给房地产的开发商和经营商，赚取利息收入。混合型REITs，是指将筹集的资金一部分用于买卖房地产，另一部分放贷给开发商。目前，国内的旅游产业REITs多为权益型REITs。因此，本节将主要介绍权益型REITs在旅游产业中的操作和作用。

我国REITs发展迅速。2014年，首次发行中兴启航专项资管计划，开启了REITs在我国发展的先河。2017年前10个月发行的REITs产品就已经超过了前

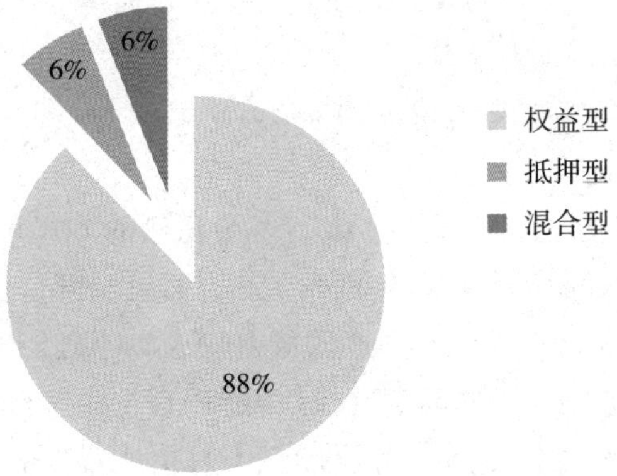

2017 年中国大陆市场类 REITs 产品类型

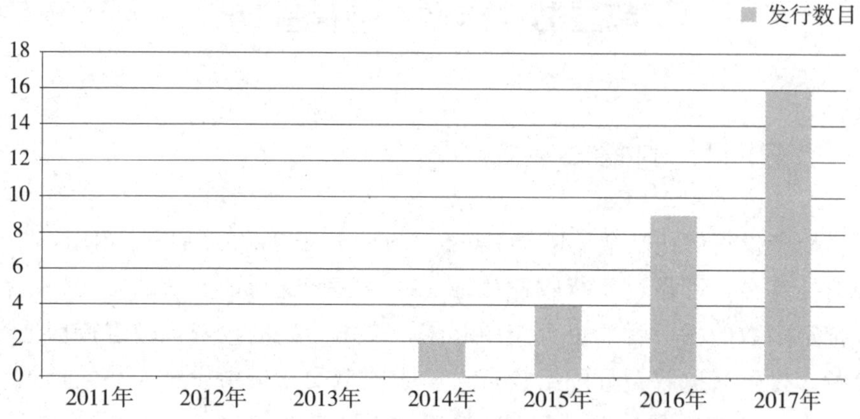

2011–2017 年中国大陆类 REITs 产品发行数目

三年发行的总和。2017年全年，中国大陆市场共发行16个类REITs产品，发行总额超过300亿人民币，同比增加156.10%。

我国REITs发展如此迅速，主要源于房地产市场融资的迫切需求。房地产开发的主要困境之一就是筹资难。过去三十年，中国开发的房地产总面积已经超过了400亿平方米，其中大约有250亿平方米的房地产为住宅。在房地产市场发展迅猛的势头下，与其配套的融资体系却未以同等的速度发展。因此，开发商选择了“重资产轻运营”的开发模式。这种运营模式导致开发商背负了大量的债务，一旦资金链出现断链，将导致整个开发计划搁浅，烂尾楼和中断工程爆发性出现。因此，开发商急迫需要一种低负债的融资方式，实现房地产轻资产化转变。这种背景下，REITs便应运而生。

二、权益型 REITs 的特点

权益型REITs是通过设立基金、发行基金份额的方式来募集资金，再将募集来的资金用来开发或者购买特定的不动产，通过经营这些不动产获取收益。基金持有不动产所有权，成为不动产的所有权人。因此，REITs并不会增加房地产开发商的负债数额。具体而言，权益型REITs主要具有以下特点：

流动性。资产流动性是指某种资产在不打折或者以非常小的折扣率，能够快速被出售，变成现金的性质。传统的旅游产业投资的流动性非常低。无论是投资建设的酒店大楼，游乐园还是度假村，这些资产因为价格高昂，一般大众对此并无需求，因此，都很难在市场上被快速买卖和流动。但是，在REITs中，投资人仅持有资产支持证券，投资者可以根据自身的经济实力，选择买入特定数量的证券，再将这些证券转卖给他人，实现投资产品的迅速流通。

稳定性。REITs投资的对象是能够产生稳定可预期现金流的商业住房、旅游地产等，能够保证投资人未来持续性的回报。另外，REITs投资对象是实体资产，不与股票和债券发生紧密联系。房地产价格受股市和债券市场的影响较小。即使股市和债券市场发生了周期性变化，也不会直接影响到REITs的未来收益。因此，REITs收益具有更小的市场价格波动性。例如，在租赁型REITs中，投资管理团队能够通过市场调研，预测出租房屋的入住率，结合目前当地市场的租金，就能估计出该租赁型REITs未来的预期收益。这些租金收益要比股票收益更为稳定，更具可预测性。

增长性。REITs的价值会因为基础不动产升值和租金收入的增长而增加。因此，REITs具有增长潜力。而对于债券融资，尽管债券能够为投资者带来较为稳定的息票收入，但债券的利息率不会随着时间而发生变化，从而不具有REITs的增长潜力。换句话说，作为债券的持有者，能较为明确地了解持有债券一定时间后将获得多少收益。这些收益只能保持不变或者比预期更少（例如在债务人破产的情况下），而不可能获得比预期更高的收入。

经营性。投资者购买REITs，不仅间接持有不动产的产权，还能获取相应的不动产经营服务。例如，某投资者购买的REITs投资于一家酒店，该投资者除了共同持有酒店的所有权以外，还相当于雇用了专业房地产投资信托公司运营该酒店。一般而言，这些专业投资信托公司的管理能力会超过普通的投资者，可以通过运营酒店而获取较为理想的营运现金流，最终获得可观的投资收益。同时，相对于普通的个人投资者，房地产投资信托管理团队具有防范风险的管理意识，能够凭借谨慎的态度和专业的知识，更好地规避经济风险。而在传统的不动产投资领域，投资人在购买不动产后，还需要考虑自己是否有充足的时间去运营该不动产。如果该投资人已经有一份全职工作，投资并运营不动产对其吸引力会大大降低。

风险性。作为投资的一种模式，REITs具有一定的风险性。这些风险主要表现为投资的不动产减值或运营亏损。例如，某REITs专项计划将筹集的资金用于投资建设了一座度假山庄，希望通过运营该度假山庄中的酒店、SPA、浴场、KTV等项目获取收益并分配给投资者。但是，该度假山庄在一次台风中受损，资产价值大大降低，并直接影响到了该度假山庄接待旅客的能力。这些减损的价值和盈利将直接作用于REITs投资者。又比如，某个REITs投资建设了一座平层公寓，通过出租该公寓获取租金收益并分配给投资者。但是，随着生活理念的改变，此地区的租户渐渐流行租住复式公寓，这就会对该种REITs的收益造成很大的负面影响。尽管REITs有风险，但是专业的投资管理团队一般会通过组合投资，分散这些风险。回到上面的例子，同一类型公寓，可能在某些城市的受青睐度较高，而在另一些城市并不受市场欢迎。REITs可以在不同城市布局这一类型的公寓，来分散不动产投资带来的风险。

三、REITs 相关政策

REITs的发展受到政策、经济、税收、城镇化进程等诸多方面的影响。其中，政策主导了REITs发展的总体方向。

2017年中央经济工作会议明确了未来三年全国经济发展的总基调，即实施积极的财政政策和中性的货币政策。会议指出，要构建房地产和金融的良性循环发展，未来不再通过宽松资金进入房地产通道的方式来促进房地产行业的发展，而是将房地产和金融领域相结合，通过金融资产和金融工具来促进房地产行业的健康发展。而REITs作为一种重要的金融工具，将对我国未来房地产行业的发展产生不可忽视的作用。

2017年政府工作报告提出，要降低企业的杠杆率，促进企业盘活资产，并推进资产证券化。

2018年上半年，我国在政策层面上不断推动REITs的发展。1月份，证监会工作会议上提出，要积极探索和研究公募REITs的业务细则。2月份，深圳证券交易所出台了《深圳证券交易所发展战略规划纲要（2018–2020年）》，指出深交所将推进REITs产品的试点，全力开展REITs产品的创新，并逐步建成具有深交所特点的REITs板块。4月下旬，证监会连同住房城乡部发布《关于推进住房租赁资产证券化相关工作的通知》，指出将重点支持以不动产为基础的权益类资产证券化，并试点发行REITs。

四、类 REITs 的操作流程

因为国内的REITs在操作方式上与国外存在一定的差异，因此通常被称为“类REITs”。下表是美国REITs和我国类REITs的一些主要区别：

美国 REITs 与中国大陆类 REITs 区别

组织形式	美国REITs	我国类REITs
交易结构	公司型为主，也存在契约型。	多为契约型。
缴纳税款	美国税法规定，将REITs 公司应税收益的90%以上分配给投资者，免征公司层面的所得税，仅投资者个人需缴纳个人所得税；但REITs公司分配后的留存收益仍需缴纳公司所得税。	在我国，在基础物业资产转移给SPV(如有限公司和信托公司)时，由于所有权发生转移，根据现行法律原始权益人还需缴纳企业所得税。也就是说，REITs到期后，SPV售卖基础资产获取收益，需要为此缴纳企业所得税。
收入来源	法律提出较为明确的要求：大部分收入来源于房地产租金、处置相关基础资产的收入或者其他投资来源。	没有明确要求收入来源限制于租金、买卖基础资产或其他投资。就实操情况来看，多数收入来源于基础资产运营中的收入、买卖基础资产的收入等。
物业资产	由于采用公司型组织结构，REITs公司的运营多以为股东谋求长期回报为目的。因此在REITs公司发展过程中通常会适时不断收购新的物业资产或投资于其他物业，如酒店、公寓、住宅等获得收入的业务，扩大REITs的经营规模。	我国当前类REITs产品多采用专项计划购买私募基金份额，私募基金全额收购基础物业资产的方式。基础资产的选择通常由发起人即原始权益人决定①，在专项计划成立之初便确定若干物业资产作为基础资产，在产品存续期内专项计划也不会购买新的物业资产，即类REITs的规模一般是固定的。
分配制度	90%以上的收入分配给投资者。	我国法律没有左栏的规定，即90%以上的收入分配需要给投资者。
募集形式	REITs以公募形式居多，成立时的投资人在100人以上；上市后，投资人数目更多。	目前以成立私募基金的方式募集资金居多。私募基金的投资人在200人以下。

① 原始权益人是资产专项计划的启动者，因此也称为发起人。注意区别：SPV 有时候会被称为资产专项计划的发行人，指的是 SPV 以基础资产作为支持，发行资产支持证券。

就目前实操情况来看，目前国内的类REITs多将私募基金框架和ABS框架相结合进行操作，流程较为复杂，具体如下：

REITs的原始权利人确立项目的基础资产。基础资产本身要能在未来带来稳定的收益。在旅游产业中，酒店、公寓、游乐场等都可以作为REITs的基础资产。

管理公司设立或者委托其他机构设立私募基金。原始权益人将基础资产转让给私募基金，获取基金份额。但是，这种“转让”不是直接交付基础资产给基金。原始权利人首先将资产转让给SPV，获取SPV的股权。此后，原始权利人将SPV的股权卖给私募基金，获取私募基金的基金份额。

成立类REITs计划，发行资产支持证券。这跟上文介绍的ABS步骤相似，由管理人制作并发行资产支持证券，投资人认购这些证券，类REITs计划获取融资。

购买基金份额。类REITs通过发行资产支持证券获取资金，再将这些资金用来购买原始权益人持有的基金份额。据此，原始权益人将私募基金份额交付给类REITs专项计划，类RIETs专项计划将资金交付给原始权益人。

类REITs投资人获取基础资产运营收益。通过上述操作流程可知，投资人持有类REITs发行的资产支持证券，类REITs持有全部私募基金份额，私募基金持有SPV的股权，SPV持有基础资产，通过运营基础资产而获得的收益。通过这种连续的持有关系，最终转移到投资人手里。

专项计划说明书约定的筹资时间到期后。基础资产会根据事先的约定被处置。处置方式一般包括两种：第一，由原始权益人按照约定的价格，或者市场公允价格回购基础资产。第二，专项计划管理人按照事先约定，将基础资产放到公开市场售卖。另外，专项计划说明书或者其他文件会约定，原始权益人是否享有优先购买基础资产的权利。如果原始权益人享有优先权，在同等条件下，专项计划管理人应当优先将基础资产处置给原始权益人。

如果回购或售卖的资金不足以偿还资产支持证券的持有人，将会触发一系列的补救措施，例如保证人承担保证责任，抵押物被拍卖以偿还差额等。如果穷尽补救措施仍然不能清偿全部资产支持证券的本息，资金将会先被偿还优先级证券的本息。售卖的资金如果超过应当偿还的资产支持证券的本息（“超额收益”），多余的部分将会根据专项计划说明书处理。一般会将超额收益按约定或者按比例分配给普通级资产支持证券持有人和劣后级资产支持证券持有人。也就是说，这种情况下，优先级资产支持证券持有人不享有对超额收益的请求权，其最终收入不会超过其持有的资产支持证券本金和约定利息之和。

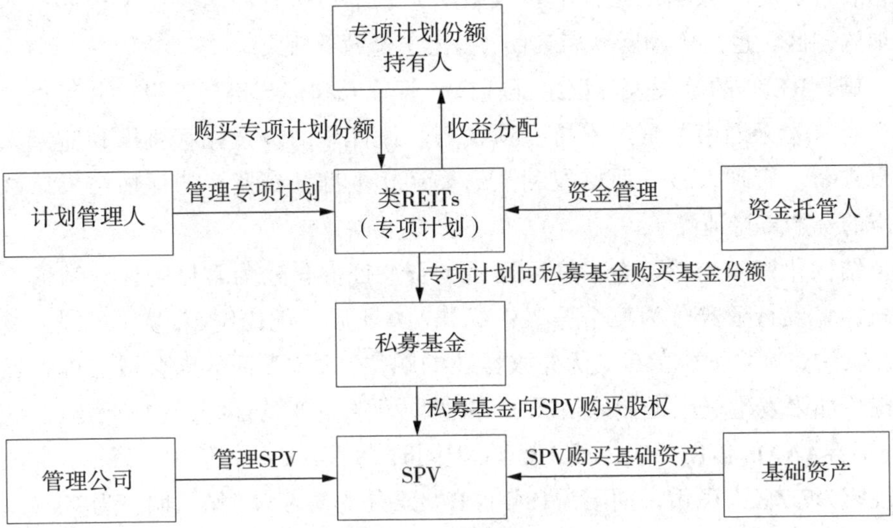

常见类 REITs 流程图

五、酒店类 REITs 的实操案例

酒店类REITs的基础资产是酒店建筑、酒店基础设施及酒店的土地使用权。酒店的建设周期长，需要投入的资金大，是资金密度颇高的不动产。这类旅游资产可以支持大份额的资产支持证券，是非常理想的类REITs基础资产。酒店类REITs拥有的融资功能，能够减轻酒店业主建设酒店时遇到的资金链紧张的压力，给产权人带来较为丰沛的现金流，改善产权人的财务状况。

（一）恒泰浩睿—彩云之南酒店资产支持专项计划

2015年12月23日，云南城投集团以恒泰彩云之南酒店为支持性资产，发行了国内首个酒店类REITs。“恒泰浩睿—彩云之南酒店资产支持专项计划”在上海证券交易所挂牌。该项目的融资规模总计58亿人民币，是2015年我国资产证券化产品中融资规模最大的一项。项目的基本操作流程如下：

确定基础资产。发行证券的支持性资产为云南城投集团自有的两家五星级酒店。其中一家酒店是北京新云南皇冠假日酒店，由洲际酒店集团（IHG）经营管理；另一家酒店是云南西双版纳避寒皇冠假日酒店，位于云南省西双版纳旅游区，也是由洲际酒店集团（IHG）经营管理。

聘请REITs的管理人。恒泰证券担任管理人和销售机构，设立并管理“恒泰浩睿—彩云之南”资产支持专项计划。该计划的资金托管机构和监管人为华夏银行。管理人接受原始权利人的委托，根据基础资产的评估结果，制作相应的资产支持证券。

结构化资产支持证券。项目运用了资产证券化较为常见的证券结构化的方式，将发行证券分为三个等级：优先A类证券，优先B类证券，优先C类证券。其中，A类证券享有最优先被偿还的顺位，而C类证券则会被安排到最后清偿（如果发生资不抵债的情况）。根据对酒店资产的评级，中诚信给予优先A类证券AAA的信用评级，而B类和C类同时给予了AA+的信用评级。A类证券的规模为7.7亿人民币，期限为18年。B类证券规模为49.3亿，期限为9年。C类证券的规模为1亿人民币，期限为9年。原始权益人对这三类证券均享有利率调整权和投资回售权，这些权利可在每三年的年末被行使。资产支持证券的基本情况如下：

恒泰浩睿—彩云之南酒店资产支持证券说明表

证券结构	发行总量	发行利率	期限（年）	评级
优先A级	7.7亿	4.49%	3+3+3+3+3+3	AAA
优先B级	49.3亿	6.39%	3+3+3	AA+
优先C级	1亿	7.99%	3+3+3	AA+

发行证券获取融资。资产支持证券的承销机构发行证券。认购人签订《认购协议》，支付资金给资产支持专项计划，受让相应的资产支持证券。

设立基金。恒泰弘泽设立“恒泰浩睿—彩云之南私募基金”，担任基金的管理人，并委托华夏银行作为基金的托管人。云南城投向基金支付两家酒店的股权，获取该基金的原始份额。

完成融资，获取收益。资产支持专项计划向云南城投支付对价，并受让云南城投持有的基金份额。发起人云南城投通过转让基金份额，获取融资。“恒泰浩睿—彩云之南”资产专项计划成为基金份额持有人，获取基金收益。基金收益来自于运营基础资产——两家酒店而获取的利润。这些收益最后由专项计划的投资人分享。

通过发行泰浩睿—彩云之南酒店资产支持专项计划，云南城投集团降低了综合融资成本，在改善了自身的财务状况的同时，并没有加重酒店本身的负债，使得轻负债经营得以实现，有利于酒店的发展。

（二）中信－金石－碧桂园凤凰酒店资产支持专项计划

“中信–金石–碧桂园凤凰酒店资产支持专项计划”是由中信证券发起并管理的类REITs计划，其基础资产是增城碧桂园拥有的14家酒店。基础资产的现金流来自这14家酒店经营管理过程中带来的各项收入，包括客房收入、餐饮收入，以及其他服务收入等。需要注意的是，在这14家酒店中，每一家酒店都已经成立了自己的公司。因此，资产支持计划没有设立专门的SPV受让14家酒店的资产，再转让SPV的股权，而是直接转让这14家公司的股权进行后续融资。该项目发行总规模为35.1亿元，资产支持证券的基本情况如下：

碧桂园酒店项目资产支持证券说明表

证券结构	发行总量	发行利率	期限（年）	评级
优先A类	9.5亿	票面利率	3+3+3	AAA
优先B类	22.09亿	票面利率	3+3+3	AA+
次级资产支持证券	3.51亿	根据预订取得超额收益	9	未评级

该项目的基本操作流程如下：

确定基础资产。本项目的基础资产是增城碧桂园自有的14家酒店和相应的国有土地使用权。

对基础资产进行压力测试。为了更充分地揭示基础资产的品质和质量，计划管理人对酒店物业的运营进行了压力测试。假设，专项计划成立以后，酒店的入住率比上年同期下滑5%，其余假设维持与上年水平相当。因为假设入住率下降，酒店的收入将受到负面影响，酒店可以支付给资产支持证券持有人的收益也会相应地降低。通过计算得知，在压力测试下，A类资产支持证券的本金和利息仍有可能被到期偿付。B类资产支持证券的利息也能得到保障，但是将无法覆盖B类资产支持证券本金的兑付。因此，佛山顺茵公司（第三方）提供差额支付的保证。同时，增城碧桂园（原始权益人）对佛山顺茵提供的差额支付保证提供担保。此种增信安排，使得B类资产支持证券的本金兑付仍有保障。

成立私募基金。中信金石发起私募基金，并担任基金管理人。基金通过私募方式募集资金设立。私募基金的筹资对象为增城碧桂园。增城碧桂园将自有的14家酒店公司的股权转让给私募基金，并受让私募基金的基金份额。据此，增城碧桂园成为私募基金设立时的基金份额持有人。

成立"中信-金石-碧桂园凤凰酒店资产支持专项计划"。该计划的成立和发行跟上一节ABS的操作模式非常相似，即做成资产支持证券，通过发行这些证券，筹集资金。

资产支持证券的信用增级。该项目的信用增级措施包括：（1）将资产支持型证券分级。基于同一资产池而发行的资产支持证券被分为优先级和次级两大类。优先级证券最先被清偿。这种支付机制实际上可以看成是次级证券以自己不受清偿为代价，保障优先级证券优先被清偿。（2）提供保证金。原始权益人会设立专项账户，存入一定的资金在该账户中。如果资产支持证券持有人无法被按时按量还本付息，该保证金将会被用来弥补支付差额。（3）原始权益人提供保证。原始权益人对证券持有人做出承诺，当资产池贬值或者运营出现问题时，将作为保证人，补充支付无法支付的余额。（4）原始权益人将其他财产抵押。原始权益人还将其拥有的其他财产抵押给专项计划。当资产支持证券无法偿还时，这些抵押财产将会被拍卖，用以弥补差额。（5）超额现金流覆盖。资产支持证券的收益来源于酒店的运营所得。但是，运营收益是未来发生的，具有一定的不确定性。因此，需要对资产支持证券提供一个超额现金流覆盖。假设酒店每年的运营收入有5亿元，所有资产支持证券的利息为4亿元，因此，酒店的运营收入超额覆盖了资产支持证券的利息支出。

证券评级下调的安排。为了降低投资人未来可能遭遇的风险，吸引更多资金投入到"中信-金石-碧桂园凤凰酒店私募投资基金"。佛山顺茵为证券评级下调风险提供特殊安排。在专项计划存续期间，如果中诚信将优先A类资产支持证券的评级从AAA+下调到低于AA+（不包括AA+）级别，则佛山顺茵无条件并一次性向优先A类资产支持证券持有人和优先B类资产支持证券持有人支付本金和尚未分配的预期收益。此后，专项计划终止，并且由佛山顺茵持有私募基金的全部基金份额。除此之外，佛山顺茵还承诺，如果酒店运营过程中出现问题，导致无法足额向资产证券持有人支付预期收益和本金，佛山顺茵将承担差额支付的义务，直到专项计划中优先A类资产支持证券和优先B类资产支持证券的本金和预期收益完全支付完毕。为了保证佛山顺茵能够及时、妥当地完成上述义务，增城碧桂园向计划管理人（代表“中信-金石-碧桂园凤凰酒店资产支持专项计划”）、基金管理人（代表“中信-金石-碧桂园凤凰酒店私募投资基金”）做出担保，无条件承诺与佛山顺茵承担不可撤销的连带保证责任。

购买基金份额。“中信-金石-碧桂园凤凰酒店资产支持专项计划”的管理人用发行资产支持证券获取的资金，购买增城碧桂园持有的私募基金的全部基金份额，成为基金份额持有人，享有私募基金投资收益。为了保证资产池的权属清晰，增城碧桂园做出承诺，全部基金份额并没有设置质押或者其他三方权利的限制。根据约定，自专项计划设立之日起，专项计划管理人享有和承担私募基金的全部基金份额和基金份额所代表的权利和义务。

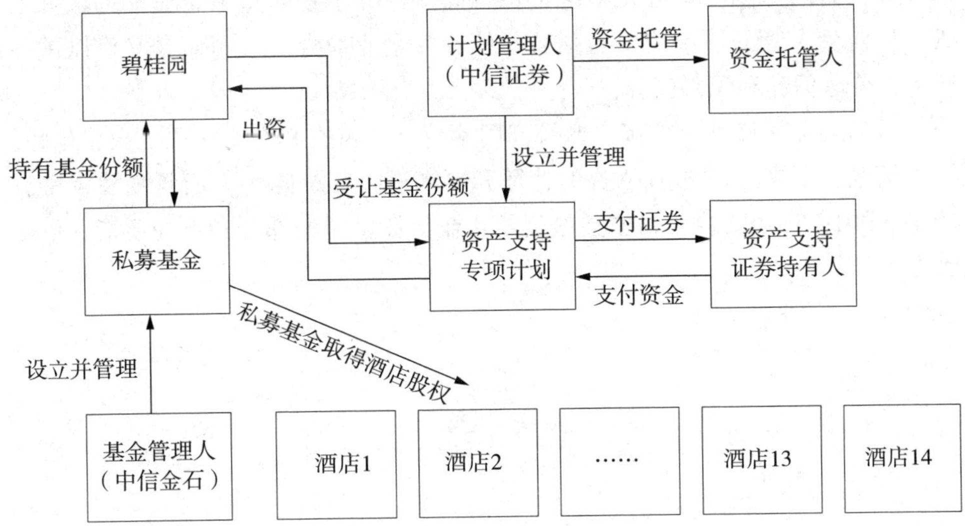

中信－金石－碧桂园凤凰酒店专项计划流程图概要

第三节 债券融资、ABS和REITs的特征

各种融资渠道并不必然相互矛盾冲突。例如，企业在采取股权融资后，当符合相应条件时，仍然可以发行债券和资产支持证券进行融资。但是，如果企业需求资金量不大，或者采取某一种融资方式就能获取所需的资金量，企业就需要考虑选择哪一种融资方式更加便捷，获取融资的时间更短，花费的成本更低，承担的法律风险更小等。

需要注意的是，根据监管部门的不同，资产证券化可以分为证监会主管的资产证券化和银行间市场的资产证券化。银行间市场的资产证券化产品包括信贷资产证券化和资产支持票据等，由人民银行、银监会和交易商协会主管，其原始权益人多为银行业金融机构，银行间债券市场发债的非金融企业，主要适用的法规包括《信贷资产证券化试点管理办法》、《银行间债券市场非金融企业资产支持票据指引》等。证监会主管的资产证券化主管部门为证监会，适用的法规包括《证券公司及基金管理公司子公司资产证券化业务管理规定》、《证券公司及基金管理公司子公司资产证券化业务信息披露指引》和《证券公司及基金管理公司子公司资产证券化业务尽职调查工作指引》等。同理，根据监管部门不同，债券也可以分为证监会主管的债券和银行间市场的债券。银行间市场的债券主要包括银行间债债券市场非金融企业债务融资工具。证监会主管的债券主要包括公司债券和企业债券。公司债券又可以进一步分为公募债券和私募债券。

因为融资项目种类繁多，监管部门不统一，审查和交易流程也大相径庭。限于篇幅，下文不对所有融资的特征和要求进行逐一陈述，而是列举了常见的ABS和REITs融资、公司债券融资及企业债券融资的部分特点和要求，供读者参考。①

① 鉴于法律、法规和政策具有时效性，如果相关规则后续被修订，请参照最新的规则。

一、融资程序的一般特征

（一）主体的一般要求

1. ABS和REITs

目前，国内的很多REITs结合了资产支持专项计划和私募基金。与ABS相似，REITs中的资产支持专项计划同样也必须遵守资产证券化相关规则。因此，为便于叙述，下文将ABS和REITs作为同一类别的融资方式，以叙述其相关特征。

（1）证监会主管的ABS和REITs融资

根据证监会颁布的《证券公司及基金管理公司子公司资产证券化业务管理规定》及相关规则，原始权益人是向专项计划转移其合法拥有的基础资产以获得资金的主体。原始权益人需要具有基础资产，并且该基础资产能够产生可预期的、独立的、稳定的、持续的现金流。原始权益人持有该基础资产需要达到一定的期限，并且能提供该基础资产的现金流历史数据。原始权益人还应对基础资产有完整的权属，确保基础资产不存在被抵押、质押等法律限制。另外，如果原始权益人的业务经营可能对专项计划以及资产支持证券投资者的利益产生重大影响，原始权益人还需要满足特殊要求，比如内部控制制度健全，具有持续经营能力，无重大经营风险等。

（2）银行间市场的ABS和REITs融资

根据《信贷资产证券化试点管理办法》，原始权益人需为银行业金融机构。银行业金融机构一般包括在我国境内设立的商业银行、城市信用合作社、农村信用合作社等吸收公众存款的金融机构以及政策性银行。根据《银行间债券市场非金融企业资产支持票据指引》，原始权益人是指在银行间债券市场发行资产支持票据的非金融企业，该企业必须拥有符合规定的基础资产，比如权属明确，能够产生可预测现金流的，不得附带抵押、质押等担保负担或其他权利限制等。

2. 企业债券

根据《企业债券管理条例》，企业债券的发行人是中华人民共和国境内具有法人资格的企业。该企业的企业规模达到国家规定的要求，企业财务会计制度符合国家规定，具有偿债能力，企业经济效益良好，发行企业债券前连续3年盈利等。发行企业债的主体一般为中央政府部门所属机构、国有独资企业或国有控股企业，发债主体比公司债主体窄。

3．公司债券

根据《中华人民共和国证券法》，公开发行公司债券，公司必须成立满3年以上，连续3年盈利，并具有偿还债务的能力。该企业3年的平均利润要能支付发行债券的利息。而对于净资产数额的要求，发债的股份有限公司的净资产不低于人民币3000万元，有限责任公司和其他类型企业的净资产不低于人民币6000万元。另外，根据《上海证券交易所公司债券上市规则（2015年修订）》，申请公司债券上市交易，发行人最近3年不得存在债务违约或者延迟还本付息的行为，并且发行人最近3个会计年度的年均可分配利润不得少于债券1年利息的1.5倍。

（二）审批方式

1．ABS和REITs

（1）证监会主管的ABS和REITs

根据证监会颁布的《证券公司及基金管理公司子公司资产证券化业务管理规定》，管理人应当自专项计划成立日起 5个工作日内将设立情况报中国基金业协会备案，中国基金业协会对备案实施自律管理。同时，备案抄送对管理人有辖区监管权的中国证监会派出机构。如果发行资产支持证券上市，还需要交易所审批。根据《上海证券交易所资产证券化业务指引》的规定，资产证券化的项目管理人应当在发行资产支持证券以前，向上交所提交声请书，由上交所审批。审批通过后，根据《证券公司及基金管理公司子公司资产证券化业务管理规定》，资产证券化专项计划的管理人还应当自专项计划成立日起5个工作日内将设立情况报中国基金业协会备案，同时抄送对管理人有辖区监管权的中国证监会派出机构。

（2）银行间市场的ABS和REITs

根据《信贷资产证券化试点管理办法》，发行资产支持证券，受托机构应当向中国人民银行提交申请文件，由央行决定是否接受申请。资产支持证券在全国银行间债券市场发行结束后10个工作日内，受托机构还应当向中国人民银行和中国银监会报告资产支持证券发行情况。根据《银行间债券市场非金融企业资产支持票据指引》，发行资产支持票据，企业应在交易商协会注册相关信息。

2．企业债券

根据《企业债券管理条例》，中央企业发行企业债券，由中国人民银行会同国家计划委员会审批；地方企业发行企业债券，由中国人民银行省、自治区、直辖市、计划单列市分行会同同级计划主管部门审批。未经批准的，不得擅自发行和变相发行企业债券。

3．公司债券

发行公募公司债券，采取核准发行的方式。根据《中华人民共和国证券法》，公开发行公司债，必须符合法律和行政法规规定的条件，并且报告国务院证券监督管理机构或者国务院授权部门核准。根据《上海证券交易所公司债券上市规则（2015年修订）》，发行人申请公司债券上市交易的，还必须经过有权部门核准并依法发行。发行私募公司债券，采取备案发行的方式。根据《公司债券发行与交易管理办法》、《非公开发行公司债券备案管理办法》、《上海证券交易所非公开发行公司债券业务管理暂行办法》、《深圳证券交易所非公开发行公司债券业务管理暂行办法》等规定，承销机构或自行销售的发行人应当在每次发行完成后5个工作日内向证券业协会备案；协会对备案材料进行齐备性复核，并在备案材料齐备后5个工作日内予以备案。私募债拟在证券交易所挂牌转让的，发行人、承销机构应当在发行前向证券交易所提交挂牌转让申请文件，由证券交易所确认是否符合挂牌条件。

二、融资的一般限制

（一）筹资规模的一般限制

1．ABS和REITs

（1）证监会主管的ABS和REITs

发行资产支持证券的总数额，一般取决于基础资产及其预期能产生现金流的数额。因此，在通常情况下，基础资产价值越高，能产生的现金流越充裕，可以支持发行的证券总额也就越大。根据《证券公司及基金管理公司子公司资产证券化业务管理规定》，基础资产的规模、存续期限应当与资产支持证券的规模、存续期限相匹配。实际募集的资金数额不得超过计划说明书约定的规模。另外，根据证监会颁布的《证券公司及基金管理公司子公司资产证券化业务管理规定》，资产支持证券应当面向合格投资者发行，发行对象不得超过200人，单笔认购不少于100万元人民币发行面值或等值份额。

（3）银行间市场的ABS融资和REITs融资

跟证监会主管的资产证券化相似，发行总额一般取决于基础资产的质量。基础资产本身价值越高，能带来的现金流越充裕，理论上能够支持发行的证券面额也就越大。

2．企业债券

根据《企业债券管理条例》，未经国务院同意，任何地方、部门不得擅自突破企业债券发行的年度规模，并不得擅自调整年度规模内的各项指标。

3．公司债券

公开发行公司债券的融资规模取决于企业的净资产和净利润。根据《中华人民共和国证券法》，公司累计债券余额不得超过公司最近一期末净资产的40%。企业最近3年平均可分配利润足以支付企业债券1年的利息。另外，根据《公司债券发行与交易管理办法》，发行人最近3个会计年度实现的年均可分配利润不少于债券1年利息的1.5倍。对于私募公司债券，根据《公司债券发行与交易管理办法》，非公开发行的公司债券应当向合格投资者发行，不得采用广告、公开劝诱和变相公开方式，每次发行对象不得超过200人。非公开发行的公司债券仅限于合格投资者范围内转让。转让后，持有同次发行债券的合格投资者合计不得超过200人。

（二）筹资用途的一般限制

1．ABS和REITs

（1）证监会主管的ABS和REITs筹集资金的用途

在投资认购书中，发行人或计划管理人一般会约定募集资金的使用范围，比如用于新建、扩建、修缮酒店及其基础设施，扩大旅游品牌宣传，提升服务水平等。发行人应当遵守对投资人的约定，将募集资金用于认购书中载明的使用范围，否则将构成违约，并承担违约责任。

（2）银行间市场的ABS和REITs筹集资金的用途

根据《信贷资产证券化试点管理办法》，在向投资机构支付信托财产收益的间隔期内，资金保管机构只能按照合同约定的方式和受托机构指令，将信托财产收益投资于流动性好、变现能力强的国债、政策性金融债及中国人民银行允许投资的其他金融产品。根据《银行间债券市场非金融企业资产支持票据指引》，企业发行资产支持票据所募集资金的用途应符合法律法规和国家政策要求。企业在资产支持票据存续期内变更募集资金用途应提前披露。

2. 企业债券

根据《企业债券管理条例》，企业发行企业债券所筹资金应当按照审批机关批准的用途，用于本企业的生产经营。企业发行企业债券所筹资金不得用于房地产买卖、股票买卖和期货交易等与本企业生产经营无关的风险性投资。

3. 公司债券

对于公募公司债券，根据《公司债券发行与交易管理办法》，公开发行公司债券，募集资金应当用于核准的用途，除金融类企业外，募集资金不得转借他人。对于私募公司债券，根据《公司债券发行与交易管理办法》，非公开发行公司债券，募集资金应当用于约定的用途，除金融类企业外，募集资金不得转借他人。

第十章 PPP模式和项目实务

作为舶来品，PPP这一概念自2014年首次出现在我国法律法规中，便立即引起了社会各界的广泛关注。PPP这三个英文字母究竟具有什么含义，代表了怎样一种政府和社会资本合作的模式，在旅游项目中具有怎样的适用空间和运行体系，诸如此类的问题随之而来。本章将在旅游项目的大背景下对PPP模式、主要参与方和基本操作流程等问题进行介绍。

第一节 PPP模式的含义

一、PPP 的语源和定义

PPP是三个英文单词“Public—Private—Partnership”的首字母缩写。尽管仅由三个简单的英文单词组成，但PPP所包含的内在含义却非常广泛和抽象。什么是Public，什么是Private，二者之间的Partnership以何种形式存在和展开？回答这些基本问题是理解PPP的基础。但由于不同国家的政治、经济、社会、文化、法律等各方面存在差异，PPP在各国的实践中所展现的内容和形式均有所不同。因此，到目前为止，在世界范围内尚未有一个被广泛接受的统一权威定义。

尽管如此，一些国际组织曾尝试对PPP的定义进行概括。例如，根据联合国开发计划署的定义，PPP 是指政府、营利性企业基于某个项目而形成的相互合作关系，通过这种合作形式，合作各方可以达到比预期单独行动更有利的结果。根据世界银行发布的《PPP参考指南》，PPP是私人实体和政府实体之间的为提供公共产品或服务而达成的长期合同，在该合同下，私人实体承担重要风险和管理责任，并且其报酬和绩效挂钩。

此外，一些发达国家和区域经济体也曾提出他们对PPP的定义。例如，根据欧盟委员会的定义，PPP是指公共部门和私人部门之间的一种合作关系，其目的是为了提供传统上由公共部门提供的公共项目或服务。根据美国PPP国家委员会的定义，PPP是介于外包和私有化之间并结合了两者特点的一种公共产品提供方式，它充分利用私人资源进行设计、建设、投资、经营和维护公共基础设施，并提供相关服务以满足公共需求。

由此不难看出，作为一个舶来品概念，尽管国际上对PPP的定义各有不同，但其主要表现为由公共利益（通常由政府代表）与私人利益（通常由企业代表）在特定行业中的合作关系。

就我国而言，在政府和社会资本合作方面，早在20世纪90年代就有政府和企业在特定行业以BT（建设—移交）、BOT（建设—经营—移交）等方式合作的经验。在21世纪初，我国还有市政公用事业特许经营的尝试。根据国务院颁布的《市政公用事业特许经营管理办法》等法规，政府通过法定程序将城市供水、供气、供热、公共交通、污水处理、垃圾处理等行业有条件地交由企业经营。

PPP这一概念密集出现在我国法律法规层面可以追溯到2014年。财政部于2014年9月23日颁布的《关于推广运用政府和社会资本合作模式有关问题的通知》（财金〔2014〕76号）明确提出了“政府和社会资本合作模式（PPP，即Public-Private Partnership）”这一概念。此后，财政部、发展改革委和人民银行于2015年5月19日共同颁布了《关于在公共服务领域推广政府和社会资本合作模式的指导意见》，再次明确提出“政府和社会资本合作模式（PPP，Public-Private Partnership）”这一概念。同时，该《指导意见》还对“政府和社会资本合作模式”作出了详细的解释，即“政府采取竞争性方式择优选择具有投资、运营管理能力的社会资本，双方按照平等协商原则订立合同，明确责权利关系，由社会资本提供公共服务，政府依据公共服务绩效评价结果向社会资本支付相应对价，保证社会资本获得合理收益”。上述解释可以算是截至目前我国法律法规层面对PPP所作出的较为详细的官方定义。

二、PPP 项目的主要特点

根据上述国际和国内对PPP所作出的定义，尽管表述各有不同，但从中仍可大致归纳出PPP项目的一些主要特点。

首先，PPP项目主要基于政府和社会资本的合作关系。众所周知，政府与社会资本的社会角色和职责存在很大的差别。政府的主要职责在于最大程度地实现和维护公共利益，而以企业为代表的社会资本则以追求自身利益最大化为目标。政府和社会资本二者之间的上述差别导致了双方的合作与企业之间的商业合作存在很大的区别。为了体现公共利益，PPP模式应当适用于适合的行业领域。此外，政府需要对社会资本进入后可能对公共利益产生的影响进行评估。另一方面，PPP项目也需要遵循一定的市场规则，以满足社会资本逐利的特性。因此，政府和社会资本的合作关系是PPP项目的基石，PPP项目的成功与否在很大程度上将取决于是否能够平衡双方各自的利益诉求，以达到共赢的局面。

其次，PPP项目可采用多种形式。根据前文分析，PPP项目主要基于政府和社会资本的合作关系，但其名称并未揭示两者之间的合作关系将以何种形式开展。事实上，正是PPP抽象的名称赋予了其形式上的高度灵活性。根据各国的实践经验，PPP项目可以采用多种具体的合作形式，例如MC（管理合同）、BOT（建设–经营—移交）、BOO（建设—拥有—经营）等。就我国而言，PPP同样存在不同的形式。例如，国家发展和改革委员会、财政部、住房和城乡建设部、交通运输部、水利部、中国人民银行于2015年4月25日联合颁布的《基础设施和公用事业特许经营管理办法》明确规定了BOT、ROT、BOOT、ROOT、BTO、RTO等模式，以及“国家规定的其他方式”。形象地说，PPP就

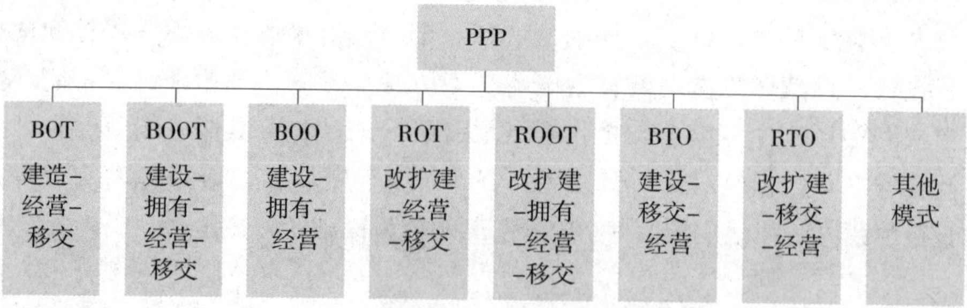

PPP 项目常见的主要模式

像是一个用于政府和社会资本合作的工具箱，里面装有各种类型的工具。使用者可以根据项目的具体特点和情况决定使用何种工具，以达到公私合作的目的。

此外，PPP项目注重运营中的公私合作。尽管PPP项目存在不同的形式，但大多数的形式中都会带有字母“O”（即“经营”的英文“Operate”的首字母）。PPP项目周期通常较长，从资金投入到获得收益需要相对较长的周期。因此，做好项目运营工作往往是PPP项目成功的关键因素之一。我国在PPP制度设计中也同样重视运营的重要性。根据财政部于2015年6月25日颁布的《关于进一步做好政府和社会资本合作项目示范工作的通知》（财金〔2015〕57号），政府和社会资本合作期限原则上不低于10年。对于不涉及运营的BT（建设—移交）项目，财政部将不予受理。由此可见，注重运营中的政府和社会资本合作是PPP项目的一个重要特点。

三、旅游产业与 PPP 模式

旅游产业一直是我国经济发展的重要产业之一。根据国家制定的《“十三五”旅游业发展规划》，全面建成小康社会对旅游业发展提出了更高要求，这为旅游业发展提供了重大机遇。正是在这一背景下，我国旅游项目在今后若干年内将迎来新一轮黄金发展期。随着PPP模式在我国逐渐发展并日益成熟，其亦将成为旅游项目开发建设和运营的重要模式之一。

旅游产业和PPP模式的结合背后存在诸多因素。一方面，旅游项目兼具公共属性和商业属性，决定了PPP模式是一种可供考虑的有效方式。大多数的旅游项目以自然风光和人文景观等公共资源为基础，具有一定的公益性质，需要由政府主导或监督其开发和运营，以确保社会大众享受该等旅游公共资源的权利；与此同时，市场化运行的旅游项目又需要考虑增加营业收入、降低运营成本，以实现利润的最大化。旅游项目的公私双重属性恰恰是PPP模式适用的基础，因此，两者具有适宜相互结合的天然属性。

另一方面，旅游项目的融资需求决定PPP模式是一种可供考虑的有效方式。旅游项目开发可能涉及旅游资源开发、景区建设、公共配套设施建设、服务整合和提供等众多环节，往往需要大量的资金投入，但整体收益和资金回报却相对较低。因此，在目前的融资渠道下，除了政府财政拨款，或者传统的银行贷款等融资渠道外，一般很难吸引社会资本的长期参与，而PPP模式正好解决了这一困境，通过有效地平衡政府的社会效益和社会资本的经济效益诉求，能够为旅游项目提供开发和经营所需的资金，也为社会资本提供投资公共事业的渠道。

综上所述，随着我国旅游产业的不断发展和PPP模式的日臻成熟，PPP模式将成为助力旅游项目建设、促进旅游产业发展的重要手段。

第二节　旅游产业PPP项目常见模式

一、BOT 模式

（一）BOT 模式的概念

BOT模式是PPP项目最常见的形式之一。所谓BOT（Build-Operate-Transfer），是指“建造–经营–移交”。在这种模式下，一般由政府通过论证后发起某个项目，并原则上通过公开招投标的方式将项目的特许经营权授予社会资本参与组建的项目公司，由项目公司负责项目的融资、开发建设和运营管理；项目公司在特许期内通过对项目的开发运营以及当地政府可能给予的优惠政策支付融资成本，并取得合理的利润；在特许期结束后，项目公司应将项目基础设施移交给政府。

（二）BOT 模式的基本架构

BOT模式项下通常由项目发起人、政府、项目公司、贷款人、保险公司，以及设计、建设和经营相关的专业顾问之间的相互关系构成。

通常意义上，BOT项目一般由项目发起人向政府提出申请，由政府决定是否设立此项目、是否采取BOT模式，以及各项目条件等基本问题。在政府决定实施BOT项目后，发起人通常以项目公司股东的身份参与到该项目中。然而，在我国的实践中，BOT项目多数由当地政府根据实际的社会和经济情况，经过论证之后发起，并通过公开招投标等方式寻找项目投资人。

在项目投资人中标之后，投资人将出资为该项目设立专门的项目公司。该项目公司将作为BOT项目的主要执行主体，包括与政府签署有关该项目特许经营权的特许协议，与银行签署该项目的贷款协议，以及与建造商、监理商、运营商及其他供应商等第三方服务商签署各项专业服务协议，以完成该BOT项目的建设和运营等各个环节。此外，对于BOT项目进行过程中可能涉及的各项风险，例如建造风险、业务中断风险、政治风险等，项目公司还可能会与保险公司签订保险合同，以预防该项目可能发生的风险。BOT模式的基本流程图示如下：

BOT 模式的基本项目流程

（三）BOT 模式的衍生模式

经过长期的实践发展，在BOT模式的基础上衍生出了一些与BOT类似但又有所区别的模式，例如BOOT、BOO等。

BOOT（Build-Own-Operate-Transfer）是指“建设—拥有—经营—移交”，即在BOOT项目发起并确定项目特许经营权被许可方之后，获得特许权的社会资本参与组建项目公司，由项目公司取得该项目法律意义上的所有权，并负责项目的融资、开发建设和运营管理。项目公司在特许期内通过对项目的开发运营以及当地政府可能给予的优惠政策支付融资成本，并取得合理的利润。在特许期结束后，项目公司应将项目的所有权移交给政府。不难看出，BOOT与BOT的基本架构大体类似，两者根本的区别在于项目建成后，在BOOT模式项下，项目公司将取得项目的所有权，即项目的所有权和经营权均属于项目公司。

BOO（Build-Own-Operate）是指“建设—拥有—经营”，即在BOO项目发起并确定项目特许经营权的被许可方后，获得特许权的社会资本参与组建项目公司，由项目公司取得项目法律意义上的所有权，并负责项目的融资、开发建设和运营管理。项目公司将始终是项目的所有人，在许可期届满后无义务将项目转移给政府。可见在BOO模式项下，项目公司始终拥有项目的所有权，即便在特许经营权到期之后，仍然无义务将项目转移给政府。这是BOO模式与BOT和BOOT的根本区别。当然，在特许经营权到期之后，项目公司尽管仍然享有项目的所有权，但其已不再享有合法的经营权。因此，届时如何处置项目需要项目公司提前考虑。

二、ROT 模式

（一）ROT 模式的概念

ROT（Renovate-Operate-Transfer）是指“改扩建—经营—移交”，即社会资本在政府授予其特许经营权的基础上，自付费用或以融资的方式对已有的陈旧项目进行适当改造更新，并在此基础上负责项目的后期运营，而后在特许经营期限届满后将项目移交给政府。

（二）ROT 模式的基本架构

ROT模式项下通常由政府、项目公司、投资人、贷款人、保险公司，以及设计、建设和经营相关的专业顾问之间的相互关系构成。

与BOT项目类似，在我国通常由政府根据项目地的实际需要决定是否设立该项目、是否采取ROT模式，以及各项目条件等基本问题。在政府决定实施ROT项目后，通常通过公开招投标等方式寻找项目投资人。在项目投资人确定之后，政府将与投资人签订书面的ROT协议。而后，投资人可以为该项目设立专门的项目公司，作为项目的主要执行主体，由该项目公司与建造商、监理商、运营商及其他供应商等第三方服务商签署各项专业服务协议，并在需要融资的情况下与银行签署该项目的贷款协议，以完成该ROT项目的建设和运营等各个环节。此外，对于ROT项目进行过程中可能涉及的各项风险，例如建造风险、业务中断风险、政治风险等，项目公司还可与保险公司签订保险合同，以预防项目可能发生的风险。

ROT模式与BOT模式在主要参与方、基本架构等方面存在类似之处，但相较于BOT模式通常适用于新建的项目，ROT模式主要针对已经建成但需要投入资金进行改扩建的既有项目。

（三）ROT 模式的衍生模式

与BOT存在BOOT这一衍生模式类似，ROT模式也存在类似的衍生模式，即ROOT。ROOT（Renovate -Own-Operate-Transfer）是指“改扩建—拥有—经营—移交”。在该模式项下，社会资本在政府授予其特许经营权的基础上，自付费用或以融资的方式对已有的陈旧项目进行适当改造更新，并取得项目的所有权；而后，项目公司作为产权人在改造完成后负责项目的后期运营，并在特许经营期限届满后移交给政府。ROOT与ROT的主要区别即在于项目公司是否取得项目的所有权，与上文关于BOOT与BOT的区别相类似，在此不作赘述。

三、BTO/RTO 模式

（一）BTO/RTO 模式的概念

BTO（Build-Transfer-Operate）是指“建设—移交—经营”，即社会资本自付费用或者以融资方式负责项目的建设，在项目完工后将项目的所有权移交给政府，而后，政府授予该社会资本长期占有并经营该项目，使其通过向用户收费等方式收回投资、支付融资成本，并获得合理的回报。

RTO（Renovate-Transfer-Operate）是指“改扩建—移交—经营”，其基本模式与BTO类似，但通常适用于已经建成但需要投入资金进行改扩建的既有项目。因此，下文将其与BTO一并介绍。

（二）BTO/RTO 模式的基本架构

针对BTO/RTO模式，在我国通常由政府根据项目地的实际需要决定是否设立该项目、是否采取BTO/RTO模式，以及项目的各项目条件等基本问题。

在政府决定实施BTO/RTO项目后，通常通过公开招投标等方式寻找项目投资人。在项目投资人确定之后，政府将与投资人签订书面的BTO/RTO协议。而后，投资人可以为该项目独自或者与政府下属企业设立专门的项目公司，作为项目的主要执行主体，由该项目公司与建造商、监理商等建设相关主体签订书面协议，并在需要融资的情况下与银行签署该项目的贷款协议，以完成项目的建设。在项目完工后，项目公司将项目的所有权移交给政府，而后根据BTO/RTO协议，负责项目的运营。此外，对于ROT项目进行过程中可能涉及的各项风险，例如建造风险、业务中断风险、政治风险等，项目公司还可与保险公司签订保险合同，以预防项目可能的风险。

第三节　旅游产业PPP项目的主要参与方

一、政府

由于PPP项目在本质上是政府和社会资本的一种合作方式，政府无疑是合作关系中的一方。就这一角度而言，政府和社会资本的地位应当是平等的，但从另一个角度来看，政府是社会公共利益的代表，也是社会经济、司法等

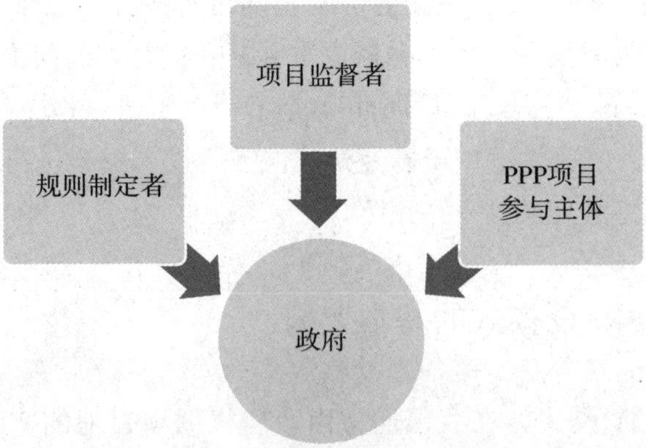

政府在 PPP 项目中扮演多重角色

各项制度的制定者和执行者，政府与社会资本的地位又是不平等的。因此，政府（尤其是地方政府）在PPP项目中实际扮演着多重角色。

首先，政府是规则的制定者。一方面，政府是PPP项目相关法律法规的制定者。尽管我国尚未制定关于PPP项目的专门法律，但特许经营法、政府采购法等一系列的法律及国务院、发改委、财政部等政府机构制定的一系列行政法规和部门规章实际上已经构成了我国PPP模式的基本法律体系。另一方面，政府（尤其是地方政府）也是具体PPP项目要求和标准的制定者。就某一PPP项目而言，通常由政府作为项目发起方，并根据项目的需要和当地的情况确定项目涉及的金额、具体的合作模式、对投资人的要求、招投标的方式等PPP项目的基本要求和条件。

其次，政府是项目的监督者。政府的监督体现在PPP项目的全流程。具体而言，在项目发起阶段，政府对项目的论证和审批实际上就是一种事前的监督。在PPP项目执行过程中，相关政府机构应对项目的执行情况从工程、财务、运营业绩等方面进行监督。例如，根据《政府和社会资本合作项目财政管理暂行办法》的明确规定，各级财政部门应当会同行业主管部门在PPP项目全生命周期内，按照事先约定的绩效目标，对项目产出、实际效果、成本收益、可持续性等方面进行绩效评价，也可委托第三方专业机构提出评价意见。对于约定最终移交所有权的项目，在移交阶段，相关政府机构应对项目公司履约能力进行监督。在出现项目公司经营亏损或发生不可抗力的情况时，政府还应对相应的应急措施进行监督，从而确保公共利益不受到损害。

此外，政府也是PPP项目合同的主体。作为PPP项目项下与社会资本的合作方，政府一方应是PPP项目合同的签约主体之一。但具体哪些政府机构能够代表政府一方签订PPP项目合同，我国相关法律法规的表述略有不同。例如，《基础设施和公用事业特许经营管理办法》规定为“县级以上人民政府应当授权有关部门或单位”；财政部《政府和社会资本合作模式操作指南（试行）》规定为“政府或其指定的有关职能部门或事业单位”；发改委《关于开展政府和社会资本合作的指导意见》规定为“行业管理部门、事业单位、行业运营公司或其他相关机构”。从上述法律规定来看，实践中代表政府签署PPP项目合同的通常包括政府的各部门以及由其授权的单位（尤以事业单位居多）。此外，根据财政部《PPP示范项目评审标准》的规定，“国有企业或融资平台公司作为政府方签署PPP项目合同的不再列为备选项目”。因此，在实践中，财政部实际上已经否决了以国有企业或融资平台公司代表政府签署PPP项目的做法。

二、社会资本

社会资本方即与政府合作参与PPP项目的投资人。根据目前相关法律法规的规定，社会资本方理论上包括依法设立和有效存续的民营企业、国有企业、外国企业、外商投资企业等。在2014年财政部颁布的《政府和社会资本合作模式操作指南（试行）》等规范性文件中明确规定，社会资本不包括本级政府所属融资平台公司及其他控股国有企业。但根据2015年国务院办公厅颁布的《关于在公共服务领域推广政府和社会资本合作模式的指导意见》，对已经建立现代企业制度、实现市场化运营的融资平台公司，在其承担的地方政府债务已纳入政府财政预算、得到妥善处置并明确公告今后不再承担地方政府举债融资职能的前提下，可作为社会资本参与当地政府和社会资本合作项目。

值得关注的是，根据前述法律法规的规定，我国理论上并未禁止外资以外国企业或者外商投资企业的形式参与PPP项目；实践中也不乏外资参与PPP项目的案例。随着我国PPP法律制度和市场的日益成熟，越来越多的外资有意参与国内PPP项目。但由于外资的特别属性，以及我国当前对外资的政策，在外资参与PPP项目时，需要对外商投资产业、国家安全审查、外汇等方面予以特别考虑，以使外资参与PPP项目严格遵守我国相关的法律法规，避免因为合规性问题导致PPP项目发生风险。

三、项目公司

在社会资本参与PPP项目时，通常不会直接作为PPP项目的直接实施主体和PPP合同签约主体，而是通过设立项目公司的方式参与到PPP项目中。尽管如此，根据我国现行的法律法规的规定，设立项目公司并不是必须的，社会资本完全可以以集团公司或者总公司的名义签订并履行PPP合同。但不可否认，项目公司的存在在实践中有其合理性。首先，社会资本通过设立项目公司可以实现“有限责任”，起到一定的风险隔离作用。其次，社会资本的集团公司或总公司往往涉及诸多业务，设立项目公司有利于区别特定PPP项目与社会资本企业业务之间的关系，以便于社会资本的内部项目管理。此外，PPP项目往往涉及政府方参股，设立项目公司能厘清双方的股权关系，也有利于政府的监督和管理。

尽管如此，在一些PPP项目的实践中，当地政府在寻找项目合作方时，希望能与知名的社会资本合作。在此种情况下，政府对社会资本的知名度及其背后体现的综合实力有一定的期待和要求。因此，政府可能会要求社会资本的集团公司或总公司对项目在投资、支持和责任方面给予一定的承诺，甚至与项目公司承担连带责任。对于此种特殊的要求，需要在招投标文件以及双方签署的PPP合同中予以明确的规定，以免今后因为责任分担的原因发生纠纷。

此外，关于项目公司的股权问题，相关法律法规并没有对项目公司的股权作出具体的规定。因此实践中具有一定的灵活性，项目公司可以由社会资本单独持股，也可以由政府参与入股。但根据财政部颁布的《PPP项目合同指南（试行）》，政府在项目公司中的持股比例应当低于50%，而且不具有实际控制力及管理权。由此可见，即便由政府出资入股项目公司，其角色也应当为小股东，项目公司的经营和决策权仍应属于社会资本。

四、其他项目参与方

除了前述三个PPP项目的基本主体，参与PPP项目的通常还包括：设计、施工等方面的工程相关主体，金融机构为代表的信贷主体，与项目后期运营相关的运营商、供应商等，以及保险公司、法律和财务顾问等第三方服务提供商。这些主体通常以合同的方式与社会资本、政府和/或项目公司进行合作。由于该等参与方并非PPP项目的核心，在此不作赘述。

第四节　旅游产业PPP项目的操作流程

根据财政部颁布的《政府和社会资本合作模式操作指南》，PPP项目主要分为项目识别、项目准备、项目采购、项目执行和项目移交等五个阶段。下

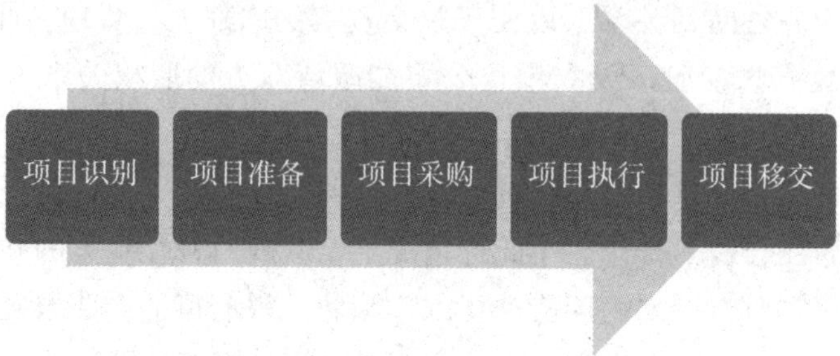

PPP 项目的主要阶段

文将介绍旅游产业PPP项目在这五个阶段的操作流程。

一、项目识别

PPP项目识别阶段主要包括项目发起、项目筛选和项目评价三个基本事项。

根据相关法律法规的规定，PPP项目可以由政府发起，也可以由社会资本发起。正如前文所述，实践中一般以政府发起为主，社会资本发起为辅。对于政府发起的项目，一般首先由政府财政部门负责向旅游行业主管部门（即旅游局）征集潜在的PPP项目。旅游行业主管部门可从国民经济和社会发展规划及行业专项规划中的新建、改建项目或存量公共资产中遴选潜在项目。对于社会资本发起的项目，则由社会资本以项目建议书的方式向财政部门推荐潜在政府和社会资本合作项目。此后，由财政部门会同旅游行业主管部门对潜在PPP项目进行评估筛选，确定备选项目，并报政府研究，制订项目年度和中期开发计划。在此基础上，财政部门还应会同旅游行业主管部门对项目进行“物有所值评价”。

所谓“物有所值评价（Value for Money）”，是一种项目决策的方法，通过价格、质量、资源利用效率、风险分担等因素的定性和定量分析，评价政府能否通过对项目管理和运营获得最大的利益。各个国家对物有所值评价的标准有所区别。就我国而言，主要是通过定性和定量两个维度进行评价。定性评价重点关注项目采用政府和社会资本合作模式与采用政府传统采购模式相比能否增加供给、优化风险分配、提高运营效率、促进创新和公平竞争等。定量评价主要通过对政府和社会资本合作项目全生命周期内政府支出成本现值与公共部门比较值进行比较，计算项目的物有所值量值，判断政府和社会资本合作模式是否降低项目全生命周期成本。由于我国各地的发展情况存在差异，定量评价工作一般由各地根据实际情况开展。

此外，为确保财政中长期可持续性，财政部门应根据项目全生命周期内的财政支出、政府债务等因素，对部分政府付费或政府补贴的项目（包括政府对项目公司的出资、运营过程中的补贴、配套的投入和服务等），开展财政承受能力论证。每年政府付费或政府补贴等财政支出不得超出当年财政收入的一定比例。

二、项目准备

PPP项目准备阶段主要包括项目调查、项目方案和项目验证三个基本事项。

当项目通过物有所值评价和财政承受能力论证后，可进行项目准备。在项目准备阶段，县级（含）以上地方人民政府可建立专门协调机制，由政府或其指定的有关职能部门或事业单位作为项目实施机构，负责项目评审、组织协调和检查督导等工作，必要时项目实施机构还可委托专业的财务和法律顾问进行专项尽职调查。

在完成前期的研究及论证后，项目委托机构应组织编制项目实施方案，其中应包括项目概况、风险分配基本框架、项目运作方式、交易结构、合同体系、监管架构、采购方案等事项。

财政部门应对项目实施方案进行物有所值和财政承受能力验证，通过验证的，由项目实施机构报政府审核；如果未通过验证，可在实施方案调整后重新验证。如果重新验证仍然不能通过，则将不再采用PPP模式。

三、项目采购

PPP项目采购阶段主要包括资格预审、采购文件编制、响应文件评审，以及谈判与合同签署四个基本事项。

根据《政府和社会资本合作项目政府采购管理办法》和《政府和社会资本合作模式操作指南（试行）》的规定，PPP项目采购实行资格预审。项目实施机构应根据项目需要准备资格预审文件，发布资格预审公告，邀请社会资本和与其合作的金融机构参与资格预审，验证项目能否获得社会资本响应和实现充分竞争，并将资格预审的评审报告提交财政部门备案。

项目采购文件应包括采购邀请、竞争者须知（包括密封、签署、盖章要求等）、竞争者应提供的资格、资信及业绩证明文件、采购方式、政府对项目实施机构的授权、实施方案的批复和项目相关审批文件、采购程序、响应文件编制要求、提交响应文件截止时间、开启时间及地点、强制担保的保证金交纳数额和形式、评审方法、评审标准、政府采购政策要求、项目合同草案及其他法律文本等。采用竞争性谈判或竞争性磋商采购方式的，还应明确评审小组根据与社会资本谈判情况可能发生实质性变动的内容，包括采购需求中的技术、服务要求，以及合同草案条款。

根据政府采购相关法律法规，PPP项目一般可采用公开招标、邀请招标、竞争性谈判、竞争性磋商、单一来源采购等方式开展采购。其中需要注意的是，竞争性谈判和竞争性磋商是旅游产业PPP项目比较常见的采购方式。两者的区别主要表现在，竞争性谈判的结果主要由采购价格决定，而竞争性磋商的结果主要由社会资本的综合条件决定。

在社会资本提交其对采购文件的书面反馈后，项目实施机构将成立方案评审小组，首先确定最终采购需求方案，而后对各候选社会资本进行综合评分。

随后，项目实施机构将成立专门的采购结果确认谈判工作组。按照候选社会资本的排名，依次与候选社会资本及与其合作的金融机构就合同中可变的细节问题进行合同签署前的确认谈判，率先达成一致的即为中选者。谈判完成后，项目实施机构将与中选的社会资本签署确认谈判备忘录，并将采购结果和相关文件进行公示，公示期满后政府和社会资本正式签署PPP合同。

四、项目执行

在政府和社会资本正式签约后，双方可根据PPP合同的约定，设立项目公司，负责项目的设计、融资、建设和运营。项目实施机构将根据合同约定，监督社会资本或项目公司履行合同义务，定期监测项目产出绩效指标，编制季报和年报，并报财政部门备案。

项目实施机构应每三至五年对项目进行中期评估，重点分析项目运行状况和项目合同的合规性、适应性和合理性，及时评估已发现问题的风险，制订应对措施，并报财政部门备案。

五、项目移交

PPP项目期满且约定移交的，项目实施机构或政府指定的其他机构应组建项目移交工作组，根据PPP合同的规定与社会资本或项目公司进行项目移交。

项目移交工作组应委托具有相关资质的资产评估机构，按照项目合同约定的评估方式，对移交资产进行资产评估，作为确定补偿金额的依据。此外，项目移交工作组应严格按照性能测试方案和移交标准对移交资产进行性能测试。性能测试结果不达标的，移交工作组应要求社会资本或项目公司进行恢复性修理、更新重置或提取移交维修保函。

在此基础上，各方应按照相关法律的要求办理产权过户和管理权移交手续。项目移交完成后，政府财政部门应组织有关部门对项目产出、成本效益、监管成效、可持续性、政府和社会资本合作模式应用等进行绩效评价，并按相关规定公开评价结果。

在PPP项目迅速发展的同时，也暴露出其中一些问题。监管部门已开始对有重大问题的PPP项目进行整理和清退。根据财政部于2018年4月28日发布的数据显示：截至2018年3月末，全国PPP综合信息平台项目管理库累计项目总数7420个、投资额11.5万亿元；其中，累计清退管理库项目1160个，累计清减投资额1.2万亿元。此次对核查存在问题的PPP示范项目进行分类处置。其中，30个退库项目总投资额约为300.2亿元，54个调出示范项目总投资额约为1584.8亿元，89个限期整改项目总投资额约为4817.9亿元。

根据财政部公布清退原因显示，PPP项目被调出示范项目清单的原因主要包括以下几个方面：其一，项目调整：因实施方案调整、名称变更、内容变化、边界条件发生实质性变化等。其二，项目终止：因涉及信息安全问题、项目拆迁困难、设计环境问题、环保问题等终止。其三，项目执行困境：因项目融资未落实、无适宜运营方、财政支出压力大或已经转为政府投资模式实施。

根据财政部给出的三个清单[①]，被撤销或责令限期整改的PPP项目中包括12个文化和旅游PPP示范项目，以及一级行业非文旅但与文旅相关的项目。调出示范项目名单并清退出全国PPP综合信息平台项目库的项目30个，涉及文化、旅游项目的有2个；此外，一级行业虽非文旅，但是与文旅相关的项目有内蒙古自治区包头市立体交通综合枢纽及综合旅游公路PPP项目、喀什AAAAA级旅游景区立体停车库建设项目。调出示范项目名单，保留在项目库，继续采用PPP模式实施的项目54个，涉及文化、旅游项目的有6个，涉及总投资75亿元；此外，一级行业虽非文旅，但是与文旅相关的项目还有长白山旅游轨道交通PPP项目、湖南省怀化市麻阳苗族自治县长寿谷养老养生文化旅游项目等。运作模式不规范、采购程序不严谨、签约主体存在瑕疵，限期6月底前完成整改的项目89个，涉及文化、旅游项目的有4个，涉及总投资额158亿元；此外，一级行业虽非文旅，但是与文旅相关的项目还有黑龙江省齐齐哈尔市沿江景观带（滨江大道）PPP项目、黑龙江省抚远市黑瞎子岛配套功能区东极小镇PPP项目等。

根据财政部公布的信息，被处置的文旅项目多是因项目尚未落地以及存在运作不规范等问题。例如被调出示范项目名单，但仍保留在项目库中的江西余江县雕刻创意文化小镇，该项目总投资约11亿元。根据公开资料显示，余江县雕刻创意文化小镇为2016年江西省第三批PPP项目中的一个，由余江县政府和北京光合文创集团共同打造，占地1770余亩，集文化旅游、产业服务、休闲度假、当地人居为一体，志在形成国际影响力的特色匠人文化产业生态项目。但是，根据财政部公布的名单，该项目至今尚未实现落地。又如，总投资在85亿元的河南省洛阳古城保护与整治PPP项目则因运作不规范、未按规定开展财政承受能力论证而被要求限期整改，否则将会有被调出示范项目名单或清退出项目库的风险。

对于被处置的项目，财政部要求地方各级财政部门会同有关部门妥善做好退库项目后续处置工作，对于尚未启动采购程序的项目，调整完善后拟再次采用PPP模式实施的，应当充分做好前期论证，按规定办理入库手续；无法继续采用PPP模式实施的，应当终止实施或采取其他合规方式继续推进。对

①《财政部关于进一步加强政府和社会资本合作（PPP）示范项目规范管理的通知》（财金〔2018〕54号）中所附的三个清单，为调出示范并退库项目清单、调出示范项目清单、限期整改项目清单。

于已进入采购程序或已落地实施的项目，应当针对核查发现的问题进行整改，做到合法合规；终止实施的，应当依据法律法规和合同约定，通过友好协商或法律救济途径妥善解决，切实维护各方合法权益。

针对核查中发现的存在问题的PPP项目，财务部要求此类项目应引以为戒，并加强对项目的规范管理。在项目前期，应严格按国家有关规定认真履行项目前期工作程序，规范开展物有所值评价和财政承受能力论证。同时，也应坚持政企分开原则，加强PPP项目合同签约主体合规性审查，国有企业或地方政府融资平台公司不得代表政府方签署PPP项目合同，地方政府融资平台公司不得作为社会资本方。PPP项目需要切实地强化信息公开，通过PPP综合信息平台及时、准确、完整、充分披露示范项目关键信息，并接受社会监督，并且应该加强监测，及时更新PPP项目运行情况，同时也应建立健全咨询服务绩效考核和投诉问责机制，主动接受社会监督。财政部也要求应针对PPP项目建立健全长效管理机制，落实示范项目管理责任，强化示范项目动态管理，开展示范项目定期评估。政府部门对于现有PPP项目的审查和治理将有助于我国PPP项目进一步健康、良性而有序的发展。

第五节　旅游产业PPP项目合同

一、PPP 项目合同的性质

根据前述PPP项目常见的模式，无论是BOT、ROT、BTO或是RTO，均涉及政府向社会资本授予特定的特许经营权，可以说特许权的授予是PPP项目的重要组成部分之一。根据现行《行政诉讼法》、《最高人民法院关于适用<中华人民共和国行政诉讼法>若干问题的解释》及《基础设施和公用事业特许经营管理办法》等法律法规的规定，政府特许经营协议属于行政合同的范畴，如果合同相对方认为政府未履行政府特许经营协议，可以依法提起行政复议或行政诉讼，人民法院应当受理。

然而，根据财政部颁布的《政府和社会资本合作项目合同指南（试行）》，以及发改委颁布的《政府和社会资本合作项目通用合同指南（2014版）》，PPP从行为性质上属于政府向社会资本采购公共服务的民事法律行为，构成民事主体之间的民事法律关系。合同各方均是平等主体，以市场机制为基础建立互惠合作关系，通过合同条款约定并保障权利义务。此外，根据最高人民法院于2015年10月28日就辉县市人民政府与河南新陵公路建设投资有限公司合同纠纷管辖权异议一案所作出的民事裁定，该案是典型的BOT模式的政府特许经营协议，虽然合同的一方当事人为辉县市政府，但合同相对人新陵公司在订立合同及决定合同内容等方面仍享有充分的意思自治，并不受单方行政行为强制，合同内容包括了具体的权利、义务及违约责任，均体现了双方当事人的平等、等价协商一致的合意，应当定性为民商事合同。

可见，在实践操作中，各方对PPP项目合同的性质存在一定的争议。从上述财政部与发改委对PPP项目合同的认定以及最高法院的司法判例来看，PPP项目合同不宜简单地等同于政府特许经营协议，尽管就合同内容而言，其包含特许经营权的授予和行使，但同时也包含政府和社会资本就项目建设、运营和移交等与项目有关的其他内容。因此，从合同的本质而言，PPP项目合同似应属于民事合同。但根据我国《立法法》的规定，《行政诉讼法》作为法律，其效力应高于财政部和发改委颁布的部门规章，同时考虑到司法实践的复杂性，各地法院在审判实务中对这一问题的理解和把握也可能存在不同。因此，厘清PPP项目合同的性质值得各方在PPP项目立法、司法、合同履行等各个方面给予持续的关注。

二、PPP 项目合同的合同体系

根据前文第三节的分析，PPP项目涉及众多的参与方，包括：政府、社会资本、项目公司、贷款人、设计方、建造方、运营方、保险公司、第三方中介机构等等。上述众多参与方之间构成了一个复杂的合同体系。根据财政部颁布的《政府和社会资本合作项目合同指南（试行）》，上述合同体系可以总结如下图所示：

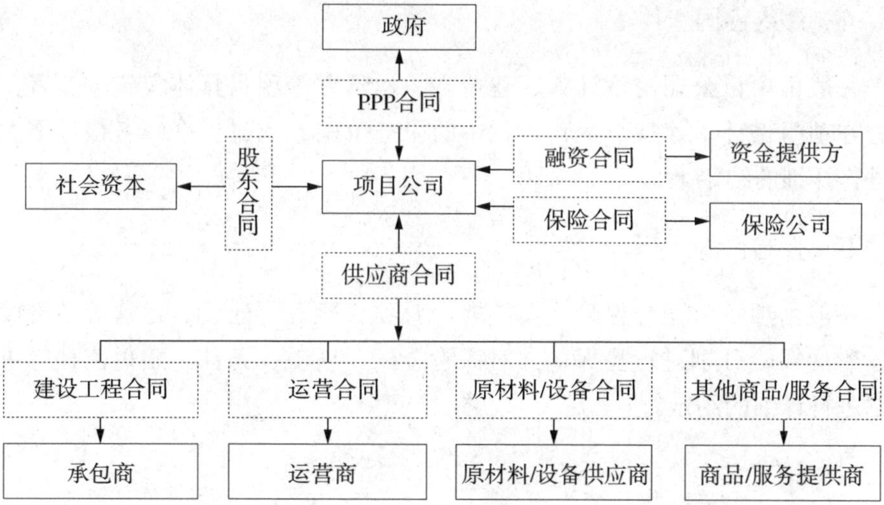

PPP 项目合同体系

具体而言，一个PPP项目可能涉及以下几类主要合同：

1．PPP项目合同

一般由政府与社会资本（或者项目公司）签署，对PPP项目的期限、具体模式、付费机制、各阶段双方的权利义务、风险分担、到期移交等重大问题进行详细的约定。PPP项目合同是PPP项目的核心合同文件。同时，考虑到前述我国对于PPP项目合同性质还存在一定争议，实践中也存在政府与社会资本同时签订PPP项目合同和特许经营权协议的操作方式，以规避合同性质的不确定性。

2．项目公司股东协议

一般由项目公司各股东签署（根据情况不同，可能包括社会资本和政府下属企业等），对项目公司的名称、性质、经营范围、决策机制、分红机制、退出机制等涉及项目公司的重大事项进行详细的约定。

3．项目融资合同

一般由项目公司与贷款方签署，对贷款金额、贷款期限、利息、担保等与项目融资相关的重大事项进行详细的约定。

4．履约合同

一般由项目公司与设计方、建造方、运营方等项目具体实施方签署，对各方在项目设计、建造、运营过程中的服务范围、质量标准、考核等重大事项进行详细的约定。

5．保险合同

一般由项目公司与保险公司签署，对项目融资、建设、运营等各阶段可能发生的风险分别进行投保，并对保险金额、期限、条件、赔付流程等重大问题进行详细的约定。

6．第三方中介机构合同

一般由项目公司与商务、财务、法律、税务等各专业第三方中介机构签署，对项目所需要的专业咨询服务所涉及的服务范围、服务费金额及支付方式等问题进行约定。

三、PPP 项目合同的主要问题

（一）PPP 项目具体的合作模式和范围

PPP项目合同中应当明确该项目具体采用的合作模式，以便进一步确定政府和社会资本在项目中的合作范围。以BOT模式为例，在该模式项下，政府和社会资本的合作范围通常主要包括项目的设计和建设、运营，以及特许权到期后社会资本向政府移交项目设施。

PPP项目的具体模式和合作范围是确定政府和社会资本各项权利和义务具体内容的基础，因此是PPP项目合同的核心条款。

（二）PPP 项目的合作期限

由于PPP项目具有投资回报期限长等固有特点，合作双方通常会约定较长的合作期限。就另一个角度而言，由于PPP项目涉及公共利益，因此需要相对长的周期以确保其处于稳定的状态。根据财政部《关于进一步做好政府和社会资本合作项目示范工作的通知》，政府和社会资本合作期限原则上不低于十年。根据《基础设施和公共事业特许经营管理办法》，PPP的合作期限最长不应超过三十年。至于特定PPP项目具体的合作期限，通常需要根据项目实现公共利益的周期、资产可供使用的周期、投资回报周期、财政承受能力等多个因素予以测算并最终确定。

此外，实践中在约定合作期限时，可以约定一个固定的期限，即包括项目的前期的设计建设阶段和正式运营阶段；另外，也可以分别约定设计建设阶段和运营阶段的期限。总体而言，前一种方式相对灵活，后一种方式更为明晰。实践中双方可以根据项目的具体合作模式、风险分担、付费机制和其他具体情况确定合理且双方均能接受的合作期限约定方式。

除此之外，双方还可在PPP项目合同中对延期和提前终止等事项作出约定。

（三）PPP 项目的付费机制

付费机制是 PPP 项目合作双方风险分担和收益回报的直接体现，因此也是 PPP 项目合同中的核心条款之一。常见的付费机制通常包括政府付费、使用者付费、可行性缺口补助等。

政府付费是指由政府根据一定的标准直接付费购买公共产品或服务。该等标准包括：（1）可用性（Availability），即主要以项目公司所提供的项目设施或服务是否符合合同约定的标准和要求作为判断依据；（2）使用量（Usage），即主要以项目公司所提供的项目设施或服务的实际使用量作为判断依据；（3）绩效（Performance），即主要以项目公司所提供的公共产品或服务的质量作为判断依据。实践中，政府可以根据上述一个或几个标准作为付费依据。由于政府付费方式可能涉及政府财政支出，国家对该类PPP项目始终保持谨慎的态度。例如，财政部办公厅于2017年11月10日颁布的《关于规范政府和社会资本合作（PPP）综合信息平台项目库管理的通知》就明确要求，优先支持存量项目，审慎开展政府付费类项目，确保入库项目质量。

使用者付费是指由最终消费用户直接付费购买公共产品和服务。项目公司直接从最终用户处收取费用，以回收项目建设和运营成本并获得收益。使用者付费方式通常适用于存在最终用户的项目，例如景区PPP项目。由于该方式需要向最终用户收取费用，而PPP项目又需要兼顾公共利益，因此在定价问题上，需要在平衡经济利益和公共利益的前提下在法律法规允许的范围内制定向最终用户收取的费用标准。

可行性缺口补助是政府付费机制与使用者付费机制之外的一种折衷选择。对于使用者付费无法使项目公司收回项目的建设和运营成本并获得收益的项目，可以由政府提供一定的补助，以弥补使用者付费之外的缺口部分。在实践中，政府可以通过投资补贴、价格补贴、提供划拨土地、放弃项目公司分红权等方式提供补助。

（四）项目用地

对于大部分的PPP项目而言，土地的取得方式是一个根本性的问题，同时也会对项目公司的成本和收益形成重大的影响。实践中，主要分为政府提供土地和项目公司获得土地两种方式。具体适用何种方式将根据经济和效率的原则，并结合具体的合作模式，由政府和社会资本在PPP项目合同中约定。

此外，取得土地的费用（包括土地出让金、征地补偿款等）也应根据费用的金额和性质、财政和项目公司的能力、项目投资回报率等因素由上述双方协商确定并分担。

（五）项目的设计、建造、运营和维护

设计、建造和运营是PPP项目的核心内容，贯穿PPP项目的整个项目周期。对于具体的设计、建造、运营和维护等事项，通常由项目公司与第三方的设计方、建造方及运营方签署具体的合同进行详细约定。在PPP项目合同中，政府和社会资本通常对项目设计、建造、运营和维护的总体安排、要求、标准、责任等主要问题进行约定，以使PPP项目合同能够在各项权利义务方面与第三方合同进行对接。

（六）社会资本的退出方式

实践中，政府在寻找PPP项目合作方时，通常会对社会资本的声望、财务

状况等背景情况有所要求，因此在签订PPP项目之后，通常不希望社会资本随意地退出。但由于PPP项目周期长、回报低，对于社会资本而言存在较大的风险和不确定性，如果在PPP项目合同中能够约定一定情况下社会资本的退出机制，将在一定程度上降低社会资本的风险。因此，退出方式往往是双方在谈判PPP项目合同中的焦点问题之一。

通常情况下，政府会要求项目公司及其母公司在一定期间内，在未经政府批准的情况下，不得发生任何股权变更，包括股权的转让、控制权的转让等。此外，在一些PPP项目合同中，还可能会根据项目的情况，对受让方的资质和能力提出一定的要求。

（七）其他主要问题

除了上述问题之外，PPP项目合同还可能涉及项目的融资安排、双方的承诺和保证、保险、不可抗力、违约和终止、适用法律和争议解决等重要的商业和法律条款。这些条款需要根据项目的具体情况由政府和社会资本通过协商确定，并在PPP项目合同中予以规定。

第四编

旅游产业项目投资的退出

第十一章　旅游项目退出的原因和方式

任何经济实体的发展轨迹都不能摆脱经济规律，其动态轨迹大致包括发展、成长、成熟、衰退几个阶段，只是每个阶段表现在具体项目上的发展方式和时间跨度会有所不同。旅游产业项目的发展也不例外，有其不可回避的发展趋势和规律。无论面对任何类型的投资项目，无论是基于主动退出还是被动退出，如何在恰当的时机退出，如何最大程度地回收投资成果，都将是旅游产业项目的投资者最终需要面临的问题。本章我们将介绍旅游项目退出的不同原因和方式。

第一节　旅游项目退出的不同原因

项目投资者退出一个项目的原因多种多样，从不同的角度来看，可将其分为不同的类别。例如，从投资者主观角度来看，可分为主动积极提前布局的退出，以及被动应对式的退出；从投资协议的履行情况来看，可分为投资协议届满到期的自然退出（例如PPP模式项下的“移交”环节、景区经营权授权到期等），以及合同违约导致提前终止的退出等等。另外，项目投资者退出也可能是因为宏观政策或当地政策的实质性变更而导致其最初的商业预期和目的无法实现，或者因项目违法违规被治理甚至被叫停，或者因共同出资人利益分歧等原因导致项目暂停或中断，或者因不可抗力导致项目停止等等。

在众多错综复杂的退出原因中，我们将在下文具体分析其中两个常见的重要原因，分别是项目投资者的转型需要这一主观方面的原因，以及资本投资周期的要求这一客观方面的原因，从主观和客观两个角度来探究项目投资者退出的更深层的原因。

一、项目投资者转型的需要

在各行各业的投资领域中，投资转型都是永恒的话题。如何在恰当的时机寻找和选择最适宜的投资领域和方向是投资方确保其投资立于不败之地的最大保障。投资转型也是近几年来倍受大家关注，尤其是在经济形势不断发生变化的今天。在追求转型的众多投资者的眼中，旅游及相关产业已引起他们的重点关注。

旅游相关产业包罗万象，既有与传统房地产密切结合的特性，又具备新产业的发展要素。例如，近年来为重多房地产投资商们所热衷投资的旅游地产项目（包括一些文化旅游项目、特色小镇项目、主题公园综合项目等）从一开始就与房地产紧密绑定起来。旅游和地产，孰为体，孰为用？孰为表皮，孰为精髓？孰为成本，孰为利润？这些问题似乎并无绝对的、非此即彼的答案。旅游项目前期投资大，属于重资产项目，因此必须靠地产来反哺；同时，地产的后期溢价也需要建立在旅游项目的成功运营来得以提升，因此，地产与文化和旅游需要有机地结合起来，相互之间良性地促进和发展。然而，在很多所谓旅游地产或文化旅游地产项目中，旅游和文化仅被用作房地产追求暴利的一个摆设和噱头，无非是借旅游抑或文化的新瓶来装地产的旧酿，还是一样的配方和套路。许多旅游产业项目的本质依旧是房地产业的一个分支而已，因此也无法逃脱房地产业发展周期的宿命。而看似位于该产业“食物链”高端的投资者们实际上并不轻松。在房地产项目（包括以房地产开发为本质的那些旅游项目）异军突起的同时，也注定其最终将受制于经济规律和社会规律的限制。宏观调控和市场调节永远是悬在其头顶的达摩克利斯之剑。近年来，该行业基本上三年左右就会出现一次或大或小的调控，出现或真或假虚虚实实的“拐点”。过强的行业周期性将直接导致开发商们的现金流不稳定，从而使其对市场的预期也极不稳定。对于投资者来说，目前既是“最好的时代，也是最坏的时代”。当然，现在就将地产及地产相关产业定性为大限已到还为时尚早，但提前布局不同的产业类型及未来的出路将是所有投资者和开发商们所不得不认真面对和研究的课题。

目前，行业转型、产业转型已成为大趋势。众多投资者和开发商纷纷抛弃单一的投资和开发模式，寻求多行业、多产业的发展模式。其中，万达集团的“轻资产化”的转型尤为突出。“转型”是近年来万达集团多次强调的关键词。在此之前，万达商业地产（包括其传统的文化旅游地产）的发展之路的最大特点是大规模地复制、升级和扩张。近年来，万达集团以万达地产为基础，进而扩张发展万达百货、万达酒店、万达旅游，再到不断发展壮大的万达文化产业。万达集团所涵盖的产业和行业在数量上显示出所向披靡的强劲势头。而万达酒店、万达旅游、万达文化这些产业板块的基石仍是不断扩张的万达地产。

然而，这一发展模式在2017年发生了根本性改变。2017年7月19日，万达与富力和融创同时分别签署转让协议。根据万达集团官方网站披露，万达商业将北京万达嘉华等77个酒店转让给富力地产；万达商业将13个文化旅游城项目（即西双版纳万达文旅项目、南昌万达文旅项目、合肥万达文旅项目、哈尔滨万达文旅项目、无锡万达文旅项目、青岛万达文旅项目、广州万达文旅项目、成都万达文旅项目、重庆万达文旅项目、桂林万达文旅项目、济南万达文旅项目、昆明万达文旅项目、海口万达文旅项目）的91%股权转让给融创房地产集团。万达商业与融创房地产集团双方同意交割后文旅项目维持“四个不变”：首先，品牌不变，项目持有物业仍使用“万达文化旅游城”品牌；第二，规划内容不变，项目仍按照政府批准的规划、内容进行开发建设；第三，项目建设不变，项目持有物业的设计、建造、质量，仍由万达实施管控；第四，运营管理不变，项目运营管理仍由万达公司负责。另外，融创集团、富力地产考虑今后投资开发的商业中心及影城全部委托万达商业和万达电影管理。三方同意今后继续在文旅项目、电影等多个领域进行全面战略合作。至此，万达集团的转型之路已然正式开启。万达集团顺势应时的上述转型应该并非其创业之初的本愿和初衷。但趋利避害是所有经济实体的必然选择。由此管窥，可以瞥见地产行业（包括与房地产天然绑定的文化旅游产业）的一些问题和困境。

首先，发展规模的极限。通常来讲，房地产业（包括旅游地产项目）如要迅猛发展，首先需要体现在其数量上。通过大量地规模化复制和扩张，此类地产项目可以在各地迅速蔓延。事实证明，粗放式的发展必然附带着无法克服的天然不足，当项目产品饱和并严重超出当地消费需求的时候，供过于求的规律性后果便自然而然地凸显出来。而且，项目体量的超前发展，势必影响其运营的效果。盲目扩张的项目综合体的扩张趋势放缓已是必然趋势和结果。转型和退出是开发商们必须考虑和提前布局的重要问题。

其次，行业竞争的限制。中国的各大房地产开发商们基本遵循了相同的发展和扩张道路。在落地之初，简单复制的项目就未曾因地制宜地与当地实情相结合，当市场发生变化时，将难以及时准确而有效地分别应对。简单粗放式的复制扩张模式，必然在越来越激烈的市场竞争中败下阵来。缺少核心竞争力的项目投资者和开发商们必须尽快考虑如何转型，考虑如何从传统的商业模式中退出。近年来，旅游地产的竞争也极为激烈，各地文化旅游地产蜂拥而上，引发的直接后果就是竞争白热化，从而带来同质化、资源浪费等多重恶性循环。目前，旅游地产进军的区域多为三、四线城市，而这些地方的旅游地产及周边市场本来就供大于求。尽管旅游度假地产前景远大，但有一个无法回避的事实是，当前的旅游度假地产模式，重地产轻旅游，这样的圈地卖房模式并不具备可持续性，将在激烈的行业竞争中率先暴露出弊端。当房地产业宏观环境恶化时，这类重地产的所谓旅游产业项目对于转型和退出的需求必将更为强烈和紧迫。

第三，资金周转的压力。据悉，我国目前已有超过三分之一的百强房企已涉足文化旅游地产。总的来说，这类地产企业有背景，有实力，房地产开发经验也丰富，但如上文所述，不少房地产商依然还是在沿用住宅等传统房地产的生意逻辑来进行文化旅游项目的开发。这不仅无益于项目本身的推进，还将带来更大的风险。文化旅游地产项目考验的不仅仅是企业的融资能力、资金运作能力，对内容创造及运营方面的能力也有极高的要求，其中包括对宏观政策的把控和判断力。房地产商们在开发文化旅游项目时惯用传统的高举高打、大步扩张的方式，动辄投资数百、上千亿，而高速扩张是对资金需求量的上升，这极其考验当事企业的融资能力和资金运转能力。以华侨城为例，自提出“文化+旅游+城镇化”模式以来，华侨城在文化旅游项目的概算投资粗略估算已超万亿。大规模的拿地后，其资金压力亦凸显出来。要做好一个旅游地产项目，通常需要持续投入10年，甚至20年，对于企业操盘能力和资金链的考验非常高。理想的文化旅游地产应该有完备的商业配套、酒店、医疗教育等配套设施。如果开发商的资金周转出现严重问题，势必将影响项目的继续开发。如果难以为继，被动退出将是必然的结果。

从上述万达集团与融创的协议内容可知，万达将13个文旅项目均转让给了融创，仅保留万达的“万达文化旅游城”品牌冠名权，以及万达经营管理权。其实质是“去房地产化”，将“重资产”转出，改为发展其“轻资产”。“轻资产”战略的核心思想在于以杠杆原理充分利用各种外界资源，减少自身投入，集中自身资源于产业链利润最高的环节，以此保持“品牌影响力”，进而提高企业的盈利能力及发展规模。万达的轻资产模式将会影响其收入模式和预期，改变资本市场对于万达作为商业地产开发商的企业定位与认知，从而改变对万达模式的预期和估值方式，进而拉升万达的股价。从大方向来看，无论将来如何具体实施，轻资产模式都可以减轻万达下一步发展的预期资金投入，从而降低企业风险。当前的旅游地产市场已发生巨大的变化。在供需失衡的状态下，对商业地产、文化地产、旅游地产等各种创新模式的专业度要求也会更高。众多同质化的文化旅游地产势必将面临优胜劣汰的处境。无论主动或被动，布局如何转型和退出是开发之初便应考虑清楚的问题。

二、资本投资周期的要求

我们在上文从旅游地产等地产项目的投资者和开发商的主观角度，分析了其事先考虑和布局转型与退出的必要性和紧迫性。下文将从某一客观角度——投资基金的退出进行分析。

从投资效率的角度来衡量，投资地产类金融产品通常比直接投资地产项目更有优势。这是因为通过投资金融类产品，可以依托投资机构来有效降低较高的调查、评估及监管成本；作为一个不完全竞争市场，房地产市场同时也具有信息高度不对称的特征。基金管理人通过丰富的房产投资经验和资源，使得他们在地产投资中的投资，管理和退出层面具有较大比较优势，从而规避地产项目中投资选择和投资以后的各个监管、运营环节中贯穿的信息不对称而引发的逆向选择和道德风险问题。不同于那些以持有为目的的房地产开发商，房地产投资基金的目标简单而直接，即投资回报。房地产投资基金最多为7～8年的存续期，而且通常需要10%以上的项目收益回报。房地产基金投资人更多考虑的是收益率和回报期，其次才是产品的形式。房地产投资基金的退出是其投入之初便已设定好且不可动摇的初始目标。退出是其项目折现的最终环节，通常通过股权转让、回购、售出、经营性物业贷款，或者资产证券化等方式最终实现项目退出，以此来实现投资收益。在前文章节中，我们曾提到房地产投资基金与文化旅游地产项目的结合。房地产投资基金若投向文化旅游地产或养老地产此类非传统房地产项目，则需特别注意回报周期和投资回报预期。文化旅游地产项目和养老地产项目通常的回报周期将长达十几年，而且投资回报率也通常远低于传统房地产业，而且文化旅游产业经常受到当地的行政部门的监管和介入，与房地产投资基金的需求可能存在偏差。因此，在投资之初，投资者需要首先确定能否退出、何时退出和如何退出等重要问题。

如何安全地退出房地产私募基金是投资者必须事先考虑的问题。从退出渠道来看，美国、新加坡等资产证券化程度较高的国家，私募房地产基金最好的退出渠道即在于REITs、CMBS等产品，通过将物业打包上市，再进入证券市场流通。目前，中国的私募房地产基金退出方式仍然较为单一，大多是采取大股东回购、项目清算等退出方式。在面临市场调整去化率下降时，基金管理人及投资者都只能束手无策。但近年来，国内的资产证券化已开始起步，多个地产公司已开始尝试通过资产证券化进行融资。虽然目前国内正在尝试的资产证券化离国际上真正的资产证券化产品仍有较大差距，但相信未来借助国内资产证券化等渠道的兴起，国内的房地产基金将迎来更多元化的退出方式和流通渠道。

总之，无论因何原因退出或以何种方式退出，如何安全地确保收回投资和投资回报是投资者最为关心的问题。对于投资，以前的投资者重点关注投资回报率的高低，而现在的投资决策者必须首先考虑和评估投资的退出机制与具体的退出路径，也即“投资退路”。因此需要提前考虑项目是否有完善的退出机制，以及在特殊情形下的应对机制，以将投资风险尽可能降到最低。

第二节　旅游项目退出的不同方式

退出机制是投资管理的最后一步，也是投资风险控制方式。通常来讲，退出机制越多，风险也就相对越低，这也是衡量和检验投资成功与否的指标。不同的投资人及其不同的身份、不同的投资方式、不同的投资资金的属性，都将影响退出机制的选择。那么，在此情况下，旅游项目的退出方式有哪些，哪些退出方式可予适用就成了关键问题。本章将对上述问题逐一进行介绍。

在前文章节中，我们曾介绍和分析了旅游项目不同的投资和融资方式。这些投资的投资主体（例如房地产商、投资机构等）在进入项目之初，就应该提前为未来退出该等项目做好伏笔和准备，为未来成功退出且获得更大的投资回报打好基础。在前文相关章节中，也曾分别述及某些投融资的退出机制。以下我们将简要而系统地介绍不同形式的投资在旅游项目中现有的或潜在有待发掘的几种主要退出方式。具体如下：

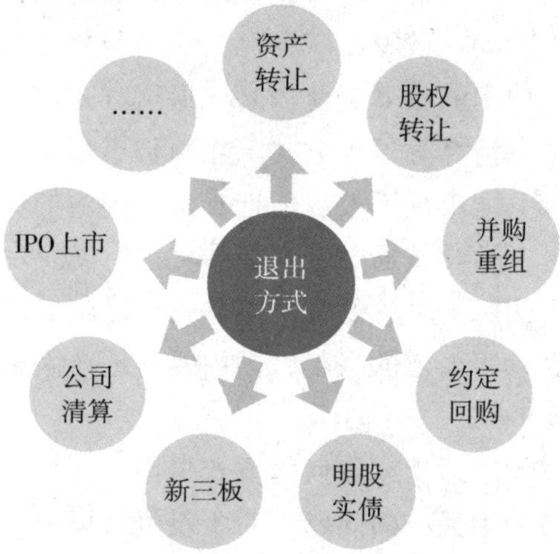

项目主要退出方式

首先，对于投资旅游项目的投资方（例如旅游地产项目的开发商）来说，最直接的退出方式是将该项目的产权（如地块的土地使用权、建筑物的房屋产权等）转让给其他方，即通过权属的直接转移而退出该项目。资产转让方式的最大优点是产权清晰、责任明确，通常受让方也不会被项目公司的复杂的历史问题所拖累。但该方式的缺点也非常明显，即产权过户将带来巨大的税赋负担。

第二，旅游地产项目开发商在退出所投资的项目时，为避免巨额税负，通常会采用股权转让的方式来替代直接资产转让，即通过向其他方转让项目公司股权的方式来获得股权溢价作为其投资收益。相对于直接的产权转让，股权转让方式在财务和税务安排上将更为经济合算，可以合法地避免缴纳大额税费。但不可避免的，新的股权受让方将承接一个可能历史非常复杂的项目公司，包括其所有现存的和潜在的权利、义务和对外需承担的责任，因此，受让方可能面临较大的商业风险和法律风险。

第三，通过并购重组的方式进行退出。项目公司的股权以“现金”或“股权”或“现金+股权”方式，与第三方公司股权进行协商置换，从而实现退出。并购退出的方式更为高效灵活，越来越多的投资机构愿意选择采用并购的方式来退出。并购是指一个企业或企业集团通过购买其他企业的全部或部分股权或资产，从而影响、控制其他企业的经营管理。并购主要分为正向并购和反向并购，正向并购是指为了推动企业价值持续快速提升，将并购双方对价合并，投资机构股份被稀释之后继续持有或者直接退出；反向并购直接就是以投资退出为目标的并购，也就是主观上要兑现其投资收益的行为。通过并购退出这一方式的优点在于，该方式的复杂性较低、花费时间也较少，而且可选择的并购方式也灵活多样，特别适合于某些创业企业。这些创业企业的业绩正逐步上升，但尚不能满足上市的条件或者投资方不想度过漫长的等待期而打算撤离创业资本的情况。同时，被兼并的企业之间还可以相互共享对方的资源与渠道，这也将提升企业运转效率。随着相关行业的逐渐成熟，并购重组也将成为整合行业资源最为有效的方式。

第四，事先约定回购股权，进而实现投资方的退出。回购主要分为管理层收购和股东回购，是指企业经营者或所有者从直投机构回购股份。总体而言，企业回购方式的退出回报率通常很低，但是相对比较稳定，某些股东甚至是以偿还类贷款的方式进行回购。对于企业而言，回购退出的方式可以保持公司的独立性，避免因创业资本的退出而给企业的运营造成较大的不利影响。而且，这一方式的交易复杂性相对较低，回购成本也比较低。当然，对于投资机构而言，创业资本通过管理层回购这一方式退出的收益率远低于IPO方式，同时还需要管理层能够找到适合的融资杠杆，为回购提供资金支持。通常来说，这种回购退出方式大多适用于那些经营日趋稳定但上市无望的企业。根据双方签订的投资协议，创业投资公司向被投企业管理层转让所持公司的股份。在目标企业发展前景与预期变数较大的情况下，股份回购能够确保快速收回资本，保证了投资机构已投入资本的安全性。

第五，通过事先设立的“明股实债”的投资方式，实现最终的退出。“明股实债”即表面上是股权投资，实质上以股权作质押并约定固定收益，而投资方可自由选择持有股权或选择项目固定收益，投资可以适时选择退出。

第六，通过新三板挂牌交易实现退出。新三板全称为“全国中小企业股份转让系统”，是我国多层次资本市场的一个重要组成部分，是继上海证券交易所、深圳证券交易所之后第三家全国性证券交易场所。目前，新三板的转让方式有协议转让和做市转让两种。协议转让是指在股转系统的主持下，买卖双方通过洽谈协商，达成股权交易；而做市转让则是在买卖双方之间再添加一个居间者“做市商”。新三板已成为了中小企业进行股权融资最便利的市场，也成为受投资机构青睐的退出方式。相对于其他退出方式，新三板主要有以下优点：其一，新三板市场的市场化程度比较高，而且发展速度非常快；其二，新三板市场的机制比主板市场宽松，也更为灵活；其三，相对于主板来说，新三板的挂牌条件较为宽松，挂牌时间短，且挂牌成本较低；其四，有国家政策的大力扶持。对于企业来说，新三板市场能够为其带来融资功能且可能带来并购预期、广告效应以及政府政策的支持等，因此，新三板市场是目前中小企业一个比较好的融资选择；而对机构来说，新三板市场相对于主板市场门槛更低的进入壁垒，及其灵活的协议转让和做市转让制度，能够更快地实现退出。然而，新三板市场的流动性、退出价格等问题也一直饱受资本市场的诟病，主要是因为投资者门槛过高、做市券商的定位偏差、做市商数量不足、政策预期不明朗等原因造成。近来，新三板摘牌退出的情况时有发生。2018年挂牌新三板的新闻也较为罕见。以同程艺龙、美团点评为代表的互联网旅游和新经济企业纷纷赴港IPO，更让国内的新三板旅游市场更显冷清。但是，即便在这样的情况下，依然有一批旅游企业执着于挂牌新三板。

第七，通过项目公司清算的方式退出。对于已确认项目失败的创业资本，应尽早采用清算方式退出，并尽可能多地收回残留的资本。清算的操作方式分为两种，即亏损清偿和亏损注销。清算是一个企业在倒闭之前的止损措施，并不是所有投资失败的企业都会进行破产清算。申请破产并进行清算是有成本代价的，而且还需要经过一系列较为复杂且耗时较长的法律程序。如果一个失败的投资项目没有其他债务，或者虽有少量的其他债务但债权人不予追究，那么，一些创业资本家和企业通常不会选择申请破产，而是会采用其他方式，并通过协商等方式决定企业残值的分配。破产清算是不得已而为之的一种方式，其优点是在此情况下尚能收回部分投资，其缺点也是显而易见的，将意味着该项目的投资亏损，而且资金收益率将为负数。

第八，通过企业IPO上市实现退出。IPO即我们常说的上市，是指企业发展成熟以后，通过在证券市场挂牌上市使投资资金实现增值和退出的方式。如果从账面回报率的角度来看，IPO依然是投资机构最理想的退出渠道。对企业来说，除了企业股票的增值，更重要的是资本市场对企业良好经营业绩的认可，可使企业在证券市场上获得进一步发展的资金。以IPO方式退出的方式其弊端确也显而易见。就境内IPO而言，目前证监会已放慢对上市公司的审批速度，再加上高标准的上市要求和繁杂的上市手续，绝大多数中小企业还是被拒之门外。相比其他退出方式而言，IPO对于企业资质要求过于严格，手续更为繁琐，其成本过大。

目前，已在A股上市的旅游类企业主要仍是以景区为主，其次为酒店类公司，而其他旅游业务上市的难度较大。景区类企业具备先天的资源优势，因此其盈利能力通常来说比较好，因此景区类上市公司数量在旅游企业中相对较多。有很多旅游类企业在IPO上市的道路上因各种因素而受阻。有的企业因为业绩波动较大，或者经营资产独立性被存疑而无缘上市；有的则因需要加强内控系统建设、完善内控体系，甚至需要补办部分房产、土地权证事宜等原因而无法上市；受挫最多的原因仍是此类企业的净利润水平不高。总之，旅游企业的经营特殊性直接导致了IPO困境。我们可将其主要原因归结为以下三个方面：

其一，经营合规性问题。目前的旅游类企业（特别是景区类企业）大多是成立时间较长的国有企业。这些国有企业在财务规范性、业绩计算等方面不可避免地存在着这样或那样的历史性不合规的问题，而且合规改制的难度非常大。因此，在上市时上述问题便成为随时可能引爆的“定时炸弹”。另外，旅游企业大多以现金交易，其账目通常不够透明，这一问题在上市时也常常被诟病。相对应地，旅游类企业在意图上市之前，首先应解决其存在的合规性问题，对其主营业务进行重新梳理，对财务收支和税务进行规范化管理。

其二，资源获取的合规性问题。在景区内，各种独家经营权主要包括客运特许经营权、索道、资源开发、餐饮等服务。根据《风景名胜区条例》规定，风景名胜区内的交通、服务等项目，应当由风景名胜区管理机构依照有关法律、法规和风景名胜区规划，通过公开招投标的方式公平竞争来确定经营者。经营者应当缴纳风景名胜资源的使用费。在上述《条例》发布后未依据招投标等程序取得经营权的行为，证监会将质疑其业务经营的合规性，成为其上市的实质性障碍。对于景区类公司，旅游资源是其核心资产，但这类资产的经营独立性、产权归属等问题通常会因为景区与政府的复杂关系而显得更为盘根错节。公司和政府较为密切的联系将导致公司的独立性存疑。相应地，旅游企业在准备上市之前，应对企业的历史沿革的合法合规性进行追溯解决，并严格规范公司的治理结构，并清晰界定主要资产的所有权。

其三，持续盈利性不确定。2008年公布的《关于整顿和规范游览参观点门票价格的通知》明确指出：对依托国家资源的世界遗产、风景名胜区、自然保护区、森林公园、文物保护单位和景区内宗教活动场所等游览参观点，不得以门票经营权、景点开发经营权打包上市。由于国有名胜风景区的门票无法纳入上市公司体内，导致众多景区公司的盈利能力无法达到上市的要求。而对于非国有名胜风景区企业而言，单纯仅靠门票收入也难以支撑长期的盈利要求。此外，日益激烈的市场竞争，也导致旅游企业的持续盈利性相对不确定。这导致越来越多的新兴旅游企业只得被迫放弃A股上市，转而投向境外上市。例如OTA企业，由于其特殊的经营模式导致账面亏损而无法符合A股上市对于盈利能力的强制性要求，因此携程、途牛、去哪儿、艺龙等纷纷选择在美国上市。相对应地，为了国内或国外上市的需要，国内旅游企业仍需要构建和扩宽多元化的收入结构，以确保更长期的可持续的盈利能力。正如我们在前文关于项目运营的章节中所提到的，目前我国旅游项目（如景区）有多种商业模式，例如门票商业模式、旅游综合收益商业模式、产业联动商业模式、旅游地产商业模式、旅游资源整合的商业模式、产业和资本运作相融合的商业模式等，以及前述多种商业模式组成的混合模式。

通过对于上述问题的改进，能够为旅游项目上市清除一些障碍。另外，如果直接上市较为困难，则还可以通过资产重组成为上市公司一部分，或者通过借壳的方式实现上市。

以上列举了项目投资方如何退出其所投资项目（包括旅游项目）的几种常见的退出方式，以及其明显的优点和缺点。在具体项目（包括旅游项目）中，需要结合项目的具体特点及投资的具体方式，以及不同投资方的投资意图，依据现有法律法规和行业操作实践，选择和确定最适合、最有效且最有利的一种或数种退出方式，从而尽可能实现投资回报的利益最大化。

第十二章　对拟退出旅游项目的评估

从上文所述旅游项目通常的退出模式不难看出，旅游项目的主动退出大多是一种双向选择的结果：一方面，退出方出于特定的商业考虑，希望从旅游项目中抽身；另一方面，新的进入方希望参与到旅游项目中，通过对旅游项目的重新定位、开发、重新包装、推广、经营等一系列商业行为进一步提升旅游项目的商业价值。正确的商业决策建立在全面分析与评估的基础之上。在上述双向选择的过程中，尽管退出方和进入方对旅游项目的价值具有各自的判断，但如何综合地评估该旅游项目无疑是退出方和进入方共同面对的核心问题之一。尽管每个旅游项目的特点不同，在对相关因素进行考量时的侧重点不同，但其涉及的大的方面基本是一致的。

第一节　旅游项目经济和社会效益评估

旅游项目既是一个经济载体，又是一种社会活动，需要同时以经济和社会的两重标准来审视。因此，对于旅游项目而言，不仅需要考虑其经济效益，同样不应忽视对其社会效益的评估。

所谓经济效益，是指通过对外交换商品和劳动而取得的对于社会劳动的节约，即以尽量少的劳动耗费取得尽量多的经营成果，或者以同等的劳动耗费取得更多的经营成果。经济效益是资金占用、成本支出与有用生产成果之间的比较。通俗来讲，衡量一个旅游项目的经济效益主要是衡量该项目的盈利能力，是否可以以较少的成本获得更多的收益。这一标准在如今市场经济的大环境下早已深入人心，因此无需多言。在当前各类商业活动和交易中，经济效益显然是最为核心的评估标准，对于旅游项目亦是如此。

所谓社会效益，是指最大限度地利用有限的资源来满足人们日益增长的物质文化需求，其涵盖的层面将更广于经济效益，也更为复杂，表现形式也更多样。通俗来讲，衡量一个旅游项目的社会效益即是衡量该项目对于当地的物质文化生活是否产生了积极的影响。例如，该旅游项目是否增加了当地居民的就业，提高了当地居民的收入水平；是否丰富了当地的文化生活，提升了当地居民的文化素养；是否保持和改善了当地的自然资源和生态环境等等。

经济效益和社会效益是对某一项目不同维度和不同角度的评估指标。不可否认，在项目资源有限的情况下，经济效益和社会效益在短期内可能存在一定的矛盾。在实践中，一些项目过分追求经济效益，而忽视了社会效益，或许短期内能够获得不菲的收益，拥有亮丽的财务报表，但实际上这种拔苗助长式的发展往往伴随着对当地环境的破坏、与当地居民的纠纷等多种现实的社会问题，而这些社会问题可能成为项目后续经营的不确定因素甚至成为定时炸弹。

当然，也有一些在经济效益和社会效益方面取得平衡的转让项目。例如前文多次提及的位于北京的古北水镇，于2014年国庆节正式营业，并且实现了当年营业，当年盈利。2014年纳税1747万元，形成财政收入862万元，比开发前经营的司马台长城旅游工贸公司纳税和形成财政收入分别增加1717万元和849万元。2015年上半年，纳税1014万元，增长113.7%；形成财政收入491万元，增长92.1%。在取得经济效益的同时，古北水镇附近的司马台新村村民依托古北水镇打造乡村酒店。2014年司马台新村接待游客14万人次，年均增长40%；人均收入4.5万元，是2009年古北水镇开业前的4.7倍。同时，古北水镇还为1000名本地劳动力提供了就业机会，约占景区员工总人数的一半，人均月收入3000元左右。在古北水镇的带动下，2014年古北口镇人均收入1.7万元，比2009年增加0.6万元。[①]根据上述对公众披露的数据统计，古北水镇的发展在经济效益和社会效益方面均取得了积极的效果。

旅游项目经营过程中的社会问题往往无法体现在项目的经济数据中，却

①《古北水镇辐射带动作用凸显》，求是网：http://www.qstheory.cn/laigao/2015-10/23/c_1116920187.htm，作者为北京市密云区财政局局长张亚东。

对旅游项目的后续经营具有举足轻重的影响。因此，只有对经济效益和社会效益有一个综合的评估，才能更为全面和实际地评价一个旅游项目。

第二节　旅游项目资产状况评估

旅游产业项目作为重资产项目，其所有拥有的资产状况很大程度上反映了项目价值多少。因此，在对相关项目进行转让之前，需要对该项目的资产状况进行全面了解。旅游项目作为旅游行业和房地产行业相结合的产物，一般都拥有种类繁多的资产。一般而言，根据旅游产业项目的特点，主要涉及的资产种类可以分为有形资产和无形资产两大类。

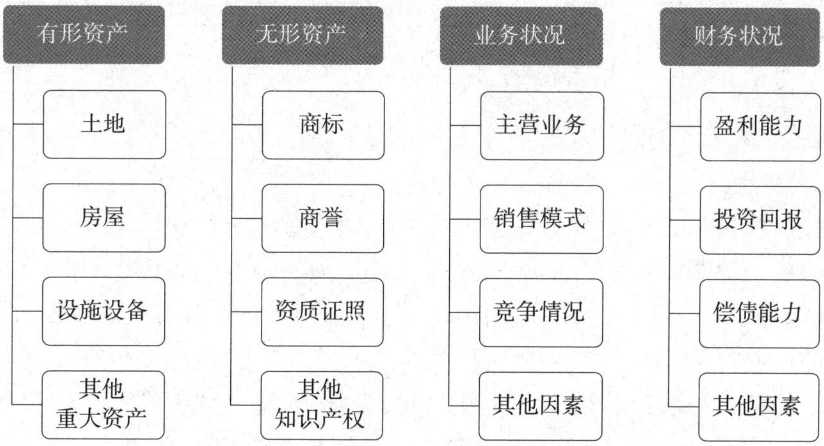

旅游项目资产状况评估通常可能涉及的因素

一、有形资产

常见的有形资产主要指项目公司所持有或承租的土地、房屋、设施设备等固定资产。在某些特定的旅游目的地，可能还有基于当地特点形成的资产。

关于土地，鉴于我国土地所有权归属国家或集体，因此项目公司所享有的是土地使用权而非所有权。根据我国土地管理制度的相关规定，结合旅游产业项目的实际特点，一般旅游产业项目公司所享有的土地使用权为通过有偿出让方式取得国有建设土地使用权。因此，对于土地资产状况的评估，主要围绕土地面积、土地使用年限以及开发权限等相关问题展开。

关于房屋，按照建设状态来看，可以分为在建工程及已建成的房屋，因房屋状态不同，因此两者在价值评估方面也有所区别；按照所有权关系来看，可以分为自有房屋和租赁房屋，对于自有房屋的价值评估标准相对较为明确，而对于租赁房屋则需要结合租赁的期限、租金以及违约风险等情况进行综合评估。

关于设施设备以及其他固定资产，需要结合具体旅游产业项目的特点来进行判断和评估。例如，对于长白山旅游项目而言，温泉旅游作为其主打旅游特色之一，温泉管道为其重要固定设备。据悉，长白山温泉公司拥有的温泉管道起点为温泉群收集口，终点为温泉泵房蓄水池，全部在地下，长约29.38公里。因此温泉管道作为其重要投资设备，在对该项目进行评估时应作为重点资产进行评估。

二、无形资产

除上述看得见摸得着的有形资产外，伴随着旅游行业的发展及市场品牌意识的增强等因素，作为资产复合型项目，越来越多的旅游项目在经营过程中逐渐形成了具有商业价值的商标、著作权、域名等知识产权。往往发展越成熟的旅游产业项目，其无形资产的丰富程度以及价值都会更大，甚至不亚于其本身的有形资产价值，其中极具代表性的便是登陆上海不久的美国迪士尼主题公园。随着国内知识产权保护的日益加强和市场品牌化的自身选择，知识产权等无形资产在项目价值中占比或许将会越来越大。

关于知识产权，相较于专利权以及著作权等知识产权类型，注册商标权作为更频繁出现在旅游产业项目中的知识产权类型，对于衡量相关项目的无形资产价值有着极为重要的意义。可能在项目初期，商标及品牌的价值难以得到凸显，但是成熟起来以及具有广阔发展前景的旅游产业项目的商标所蕴含的品牌价值是巨大的。因此，在项目转让时，无论转让方还是受让方都需要对项目公司所持有的商标及品牌价值进行全面评估。

此外，尽管相关资质证照等政府许可并非属于知识产权的范畴，但鉴于旅游产业项目往往涉及诸多资质证照，而相关资质证照往往关系到项目能否正常运营，因此在评估相关项目时会将其获得的“特许经营权”等情况作为无形资产进行评估。例如，涉及客运货运的道路运输经营许可证，涉及旅行社业务的旅行社业务经营许可证等。

三、业务状况

在关注旅游产业项目资产情况的同时，也需要对其业务情况进行相应的考察。旅游产业项目的资产状况更多体现的是项目的现时价值，而通过对旅游产业项目业务情况的考察则更能判断其未来发展价值。在考量旅游产业项目的业务情况时，可以从主营业务、销售模式以及竞争情况等多个方面进行综合评判。

关于主营业务，要根据不同项目特点对其主营业务情况进行考察。仍以长白山旅游项目为例，该项目以旅游客运、旅行社及温泉水开发、利用业务为主营业务。在对该项目进行考察时，就要围绕其旅游客运业务、旅行社业务以及温泉水开发利用业务的开发、运营状况进行考察，包括对其运营过程中发现的相关问题进行综合评判，以进一步评价相关业务的营运能力。

关于销售模式，需要结合其主营业务进行考察。我们再以长白山旅游为例，其旅游客运以公司自行销售与第三方劳务外包相结合的方式进行销售；关于旅行社业务，采用市场渠道销售和市场终端销售两种模式；关于温泉水开发、利用，则是通过直接向需求单位供热的方式进行销售。旅游产业项目作为对营销重度依赖型的产业，营运状况很大程度上受到其销售模式的影响，因此在考察旅游产业项目的业务情况时，作为软实力的销售模式应当作为审查的要点之一。

关于竞争情况，同样需要结合项目的主营业务进行判断。就长白山旅游而言，旅游客运业务以及温泉水开发利用业务在景区内属于独家经营，不存在竞争对手；但在旅行社方面，从全国范围来看，竞争较为激烈，但依赖于较为完善的营销网络，其旅行社业务竞争力也相对较强。

旅游项目的上述有形和无形资产很大程度上体现了整个旅游项目的价值，因此，在旅游项目退出的过程中，无论是退出方还是新的参与方，均需要对上述资产的整体状况进行全面的了解和评估，而法律评估是其中一个重要的方面。旅游项目资产法律评估的范围通常包括：（1）土地和房屋的权属和合规情况，例如：土地和房屋是否依法取得，是否已经依法取得土地使用权证和房屋所有权证，房屋是否依法建设，是否取得建设需要的证照等。（2）知识产权的权属和合规情况，例如：是否依法履行了必要的登记程序，是否存在权属纠纷等。（3）其他重要资产的权属和合规情况，例如：是否依法签订了相关采购合同，是否实际交付安装并投入使用等。（4）资产运营的合规情况，例如：是否已取得资产运营所需要的证照等。当然，考虑到不同的旅游项目有不同的特点，法律评估的范围并非一成不变，而是需要根据项目的具体情况量体裁衣，如此方能全面和准确地把握项目的法律风险。

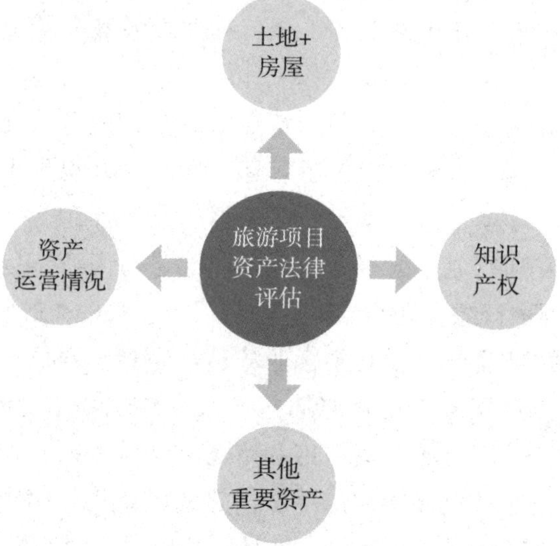

旅游项目资产法律评估的基本内容

四、财务状况

除了上述法律评估外，相关各方也需要从商业角度对资产进行量化评估，例如项目财务评估、资产评估等。财务评估通常是对项目建设和经营等过程中的成本、收入、利润、现金流等重要财务指标进行分析，以反映旅游项目的盈利能力、投资回报率、偿债能力、不确定性及风险等财务状况。资产评估则通常是按照特定的方法对项目的各项重要资产的价值进行评定和估算，以使相关方能够对资产的市场价值有相对准确的了解。

对于旅游产业项目财务状况的审查，有助于各方对于该项目的整体收入、负债、资产等各方面财务信息有更为直接和清晰的认知。一般而言，对于旅游项目的财务状况的审查主要通过财务三大表，即资产负债表、利润表，以及现金流量表来进行审阅，进而对项目的偿债能力、资金周转能力以及盈利能力进一步分析，从而对其财务状况有全面的判断。另外，结合旅游产业项目的主营业务，可以对其主营业务收入情况进行审查，从而进一步对影响其主营业务收入的相关因素进行判断和评估。

第三节　旅游项目的历史沿革评估

常规的旅游项目往往具有开发周期长、经营时间久、投资回报慢等特点，因此，当某一项目产权人或经营方考虑退出时，项目或许已经运营了较长时间，其历史沿革可能较为复杂。大多新参与者通常十分注重对项目现状的调查和对未来发展前景的预测，但往往可能会忽视对项目在此之前的过往经历和历史背景的考察。投资方在面对项目复杂的过去时，如果未对其历史沿革进行必要的审查，就有可能无法及时发现、排除或解决隐藏其中的潜在风险和不确定因素。

旅游产业项目的特点是周期长、投资回报慢。这样的产业特点决定了在投资者考虑回收投资时，相关项目已经运营了较长时间，因此其涉及的历史沿革也相对较为复杂。这样一来，如果不对其历史背景进行审查的话，可能就难以对整个项目的情况充分了解，进而作出准确的判断。

从商业层面来看，了解一个旅游产业项目的创始、形成、发展、成熟的整个过程，可以清晰地判断该项目发展轨迹以及所处的发展阶段。而根据其历史沿革中的蛛丝马迹，则可以发现其或兴盛或衰落的背后原因，从而对于其现状以及发展前景作出更为准确的判断和预测。

从法律层面来看，历史沿革本身作为法律尽职调查的重要组成部分，对于全面判断项目概况以及法律风险有着重要意义。在很多情况下，孤立地去看旅游产业项目的现存状态不会发现有何问题，但鉴于我国目前企业发展状况并非十分规范，在对其历史沿革进行严格审查时，就会发现或多或少都会存在一些问题，例如设立文件缺失、重大决议的决策程序不合章程、存在不合规的历史问题等。这些问题可能不会对日常经营造成太大困扰，但在股权转让时可能会成为阻碍双方顺利交易的关键性问题。

以河南省某村为例，该村毗邻某知名抗日电影的拍摄地。根据媒体报道，2002年5月，位于当地景区的两个村委会与当地村民签订旅游开发协议，约定该村民在两个村委会的协助下负责景区经营管理。后该村民设立相关旅游服务有限公司（以下简称“旅游公司”）对景区进行开发经营。2010年6月，当地市政府与旅游公司签订书面合同，由市政府整体收购景区，引发当地村民的抗议。同年7月，市政府与河南某实业有限公司（以下简称“实业公司”）签订书面合同，将景区部分基础设施资产及经营权出让给该实业公司。2014年1月，该市市长与新乡某旅游有限公司（以下简称“新乡公司”）签订书面合同，将包括前述景区在内的总面积188平方公里的7个景区经营权转让给新乡公司50年。

从上述媒体的报道不难发现，在2002年至2014年12年间，相关景区几经易手。根据媒体的上述报道，在景区几度转让的过程中，围绕着景区的产权和经营权，几份合同主体各不相同，相互间权利义务的安排也可能存在模糊不清的问题。随着一份份合同的签署，景区的产权、开发权、经营权等不同层面的权利的归属似乎变得越来越模糊。一旦其中一个合同的相关合同方发生纠纷，将很有可能发生连锁反应，进而导致景区的众多参与方发生争议，影响项目的整体经营。如果某个新的参与方有意投资或者收购该项目，但却不了解该项目上述复杂的交易历史，其将在未来面对的将是一个具有极大不确定性的复杂局面，其间存在的风险不言而喻。

因此，了解一个旅游项目的历史沿革，对于全面判断该项目的总体情况和整体风险有着重要意义。对于项目退出方而言，尽管其本身持有旅游产业项目的股权或产权，但可能对于旅游产业项目的历史沿革未必清晰，对于其中隐藏的相关问题也未必能够全面了解。在退出之前对历史沿革进行内部梳理，也有助于项目方更为客观地认识项目本身并合理地设定商业预期。如果能在项目转让之前即对历史沿革中暴露出的问题进行解决或披露，而能够避免在股权转让磋商中被受让方作为“砍价”的筹码来使用，也能够避免双方将来就相关问题产生分歧，进而影响交易。对于项目新的受让方而言，则更应该重视审查旅游产业项目的历史背景和历史沿革，这有助于发现潜在的商机及风险，且尽可能地避免雷区。特别就旅游产业项目的转让而言，投资金额相对较大且周期较长，短时间内难以实现投资回报，因此应当重视对于相关项目的全面审查。通过审查项目的历史背景，不仅对于其现状以及发展前景有更为全面和准确的判断，而且很可能发现对于“议价”有价值的其他信息。

第四节 旅游项目退出方案评估

在旅游项目产权或经营主体退出的过程中，除上述对项目效益、资产、历史等方面的调查和评估外，若想成功地实现退出，各方还需要根据项目的情况制定详细有效的退出方案。所谓退出方案，应当是一个与相关旅游项目有关的整体性方案，既包括退出方和新参与方之间达成的有关退出的商业和法律安排，同样也应当包括完成转让之后的经营构想和安排。

通常情况下，退出方案中最为重要的是确定项目退出的方式，即通过项目公司股权转让、项目资产转让或者其他的转让方式退出项目。选择何种退出方式并没有严格的规律和标准，主要取决于项目的自身特点。例如，股权转让通常适用于成立时间较短、股权结构相对清晰、经营相对规范的公司，而资产转让通常适用于产权清晰的土地和物业。当然，由于旅游项目往往规模较大、涉及面广，因此具体适用何种方式，需要综合考虑各方面的情况。例如双方的商业目的和意图、公司的业务构成、税费的安排和分担等。无论采取何种转让形式，建议受让方对拟受让的公司或资产进行详细的法律、商业、财务等方面的尽职调查，尽可能详尽地了解公司的真实情况和潜在商业风险及法律风险，尤其是在相关项目公司股权或者相关资产经历多次变动的情况下，则更需要严谨的调查，否则很难发现潜藏的风险。当然，在此种复杂的情况下，调查耗费的时间和经济成本也将相应增加，受让方可能承担的风险也并非一定会因此而被发现和防范，因为即便是最为专业和精确详尽的调查也无法确保一定能够发现公司存在的所有问题，或者即便发现了问题和风险也只能选择接受或退出，因此最终可能仍需参与方综合所有的事实和材料作出自己的商业决策。

除退出方式之外，退出方和新的参与方还需要对退出方案中的其他基本要素予以明确。例如：拟退出的范围，即交易的是产权、经营权还是其他权利；交易款项的支付方式、支付时间、支付条件等安排；过户日、交割日等重要交易节点的设定；过渡期间内经营、财务、人事等方面的具体安排；后续经营、融资等方面的安排等等。

此外，如何总体上把握退出方案的优劣可能也是交易各方（尤其是新的参与方）比较关心的问题。首先，退出方案应当能够满足交易各方的商业需求。例如，某一旅游开发公司业务广泛，公司旗下除了某个旅游项目之外，还有其他的资产和业务；现在该公司希望从上述旅游项目中退出，而另一家公司有意收购该旅游项目，但却对拟退出公司的其他业务并无兴趣。因此，在设定该项目的退出方案时，必须结合双方公司对于无关业务的态度。在设计退出方式时，可以考虑直接适用资产转让的方式，或者先对拟退出公司的业务进行剥离，然后再适用股权转让的方式。

其次，退出方案应当是合法可行的。旅游项目可能会涉及一些特殊的旅游目的地，例如国家风景名胜区、国家文物保护单位等，因此，设定退出方案时必须考虑到退出方案是否违反相关的法律法规和政策，否则在具体实施过程中可能会遇到实质性障碍，甚至有被处罚的风险。以山西某人文旅游项目转让为例，根据媒体的报道，2007年12月，当地县政府联合两家民营企业成立一家新的旅游开发有限公司，该项目所有权归县政府，经营权作为政府出资入股新公司，景区门票收入归新公司，新公司每年向县政府交付“文保管理费”1000万元。然而，仅1个月后，山西省政府便对当地县政府关于该项目经营权委托管理的请示作出批复，认定县政府转让该项目经营权属违法行为，导致该项目无法按既定方案继续进行。

除此之外，退出方案还应当综合考虑交易各方的权利和义务的平衡、税收筹划的最优化、确定性与灵活性的平衡、短期和长期的平衡等多方面因素。

第十三章　由“退出”回看“开发”和“运营”

目前，国内旅游项目市场方兴未艾，越来越多的地产商和旅游从业者开始投入这片蓝海。一时间，如何开发和运营一个优质的旅游项目成为业内广泛讨论的话题。和其他商业房地产项目相类似，旅游项目通常也会经历一个从开发、经营到退出的过程。在这一过程中，良好的前期筹备和开发有助于项目运营在尽可能短的时间内产生效益，而良好的运营和及其所积攒的口碑又有助于项目方按照其商业既定安排顺利地实现退出。旅游项目生态链中的前期阶段是后期阶段的基础和前提，各个阶段环环相扣。本章将从项目“退出”这一独特的视角回头审视前期的项目“开发”和“运营”，以期能够给各位读者提供些许开发和运营方面的启发。

第一节　做好前期调研，避免方向性错误

一些旅游项目在经营一段时间之后，开发商或者运营方可能会尴尬地发现，该项目周围居然存在许多类似的项目。例如，在2017年一部关于陕西某地风土人情的电视剧热播后，当地数年间出现了若干家以地方特色为主题的乡村旅游项目。据媒体报道，这些项目都以地方特色为宣传卖点，但基本以古建筑和陕西小吃为特色。其中一家名为“××民俗文化村”的项目曾在2016年开业当天创下接待游客超10万人次的盛况，但时隔两年后却门可罗雀，

长达百米的小吃街中商户已人去楼空。其余几家类似项目也都经营惨淡。试想如果上述项目要转手，开发商或运营方恐怕只能是惨淡退场。

先不论上述项目自身经营管理水平如何，盲目上马、盲目复制无疑是这些项目陷入困境的重要原因之一。这样的情况并非个案，在国内不少旅游目的地都或多或少地存在类似情况。因此，在旅游项目开发实际开始之前，建议开发商先做好前期的研究和调研工作。此类研究和调研工作可能涉及以下方面：

首先，对于旅游项目的开发企业，尤其是初次进入旅游行业的企业，建议先对国家和项目所在地旅游产业的基本情况有一个宏观的了解和认识。例如，国家和当地旅游市场的总体数据、近几年各项主要指标及其变化、热门项目类别的变化、游客偏好的变化、旅游行业发展趋势等等。了解上述国家和项目地旅游行业的基础信息，有助于开发企业对特定项目开发所处的大环境（国家）和小环境（当地）有一个基本的了解，进而对项目开发的合理性和可行性有一个初步的概念。

其次，对项目的地理位置、地形、交通情况、自然景观、人文特色等基本情况进行深入的研究，总结项目的特点和潜在的卖点。在此基础上，对项目进行SWOT分析，将项目存在的主要优势（Strengths）、劣势（Weaknesses）、机会（Opportunities）和威胁（Threats）进行客观的分析，从而对项目有一个整体和相对客观的认识。

第三，对项目进行必要的市场调查。例如，对所在地旅游市场的供给和需求进行调查，评估项目潜在的市场份额；划定一定范围作为竞争区域，对竞争区域范围内经营相同或类似项目的竞争对手进行调查，寻找差异、空白区域或者细分市场的可能，进而评估项目的潜在竞争力；确定项目的市场定位和目标消费群等。

第四，对项目可能产生的经济效益和社会效益进行测算。在前述研究和调研的基础上，设定项目的投资规模区间，对土地成本、建安成本、项目其他建设和运营成本进行预测，并基于谨慎原则对项目的未来收益、利润、现金流、回报周期等指标进行预测。同时，对项目开发之后对当地经济、社会、人口等方面的作用和影响进行预测。通过上述定性加定量的预测，有助于开发企业对项目的综合效益和投资回报有一个相对清晰的认识。

第五，对项目所在地旅游相关的法律、法规和政策进行研究，了解项目开发所需遵守的土地、房屋、规划、建设、税收等各方面的法定要求，以及需要完成的各项主要政府审批程序。此外，由于旅游业是国家当前重点发展的行业之一，国家和许多地方对旅游项目都推出了一系列的扶持政策和优惠措施。开发企业对上述政策法规的了解，有助于确保项目既能在法律法规允许的范围内发展，又能享受到法律法规赋予的优惠政策。

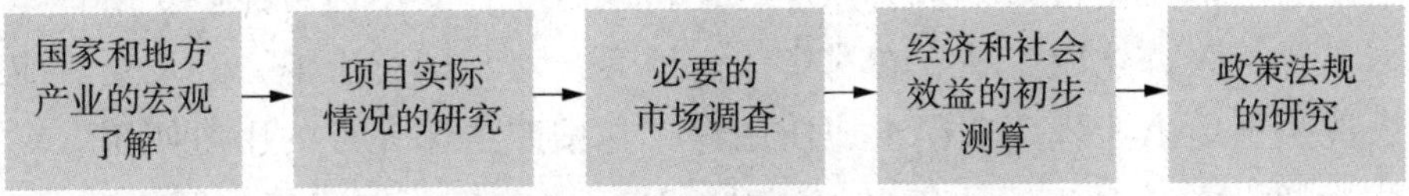

旅游项目前期调查和研究的主要考虑因素

综上所述，旅游项目前期的研究和调研涉及众多方面和事项，可能需要开发企业投入巨大的时间成本和经济成本，但正所谓“磨刀不误砍柴工”，由于旅游项目往往投入大、周期长，如果项目未经细致严谨的前期研究和调研便匆匆上马，一旦发生项目同质化等实质性问题，则届时项目的价值将受到严重影响，拟退出方的损失可能会远高于前期研究和调研所投入的成本。因此，出于退出时的价值考量，前期的研究和调研工作并非可有可无，而是非常重要的必要事项。

第二节　严格遵守法律，避免“先天缺陷”

作为旅游业和房地产业相结合的产物，旅游项目在开发、建设、经营等各个环节均需遵守相关领域的法律法规和政策性规定。实践中，一些旅游项目的开发商和运营商没有遵守法律的基本意识，在上述环节中为了尽快开业盈利而忽视甚至有意绕开法律的基本规范。在这些项目退出时，很可能会因为此前的种种不合规或违法行为等历史问题，导致项目的价值大打折扣，甚至形成无法退出的“一盘死棋”。对于开发企业而言，这样的结局可谓是得不偿失。因此，从后期顺利退出的角度来看，旅游项目前期的合法合规应当放在重中之重的位置。

首先，旅游项目应当满足土地和规划的法定要求。据媒体报道，近几年中旅游项目出现土地问题的案例屡见不鲜。例如，早前曾见诸报端的陕西省宝鸡市水上世界项目，号称总投资1.2亿元，但在正式开业后才取得土地使用权，且仍未办理环评相关的手续。另外一家位于广东省兴宁市的以客家文化为主题的综合性文化旅游产业园，占地上万亩，但在开工时却没有办理任何的建设用地批文。正如本书前几章所述，旅游项目的用地可能涉及多种土地类型，包括国有建设用地、农村集体土地等。对于国有土地，开发企业应当依法按照土地出让程序获得土地使用权，并按照法律允许的用途使用。对于集体土地，尤其对于近几年兴起的乡村休闲、养生、养老等主题旅游项目，可能还涉及集体土地租赁、流转等现实问题。如果项目土地和规划存在问题，不仅可能发生权属方面的纠纷，还有可能存在被政府收回土地的风险，因此需要引起开发企业的足够重视。

其次，旅游项目应当满足建设的法定要求。随着旅游市场的发展，近几年违规建设的项目也屡见报端。例如，据媒体报道，万宁市日月湾某综合旅游度假区人工岛项目被指于2015年10月未批先建，后被要求停止违法填海行为。又如，根据黄山市黄山区政府的通报，位于黄山某风景名胜区内存在违法建设房地产项目，截至2016年底，该风景名胜区内违规建设项目累计占地1164亩，其中25000平方米和地下车库4000平方米已建建筑全部拆除，未建部分全部取消建设。违法建设不仅可能导致项目停工停业，还存在被拆除的巨大风险。因此，依法建设同样是旅游项目应当严格遵守的红线。

第三，旅游项目应当满足经营的法定要求。根据相关的法律规定，旅游项目根据其类型的不同，应当办理相应的经营审批资质，其中除了企业依法办理营业执照中覆盖的经营范围外，还应当根据实际情况办理经营所需的其他证照。例如，对于涉及自然风景区经营的，一些地方需要获得专门的景区经营许可；涉及游乐设施经营的，通常需要获得文化/娱乐相关的许可；项目中涉及货运、客运经营的，通常需要获得运输方面的经营许可。除此之外，旅游项目可能还会涉及取水许可、排污许可、食品卫生、旅行社业务许可等各类行政许可，经营方须根据项目的具体特点依法办理。

综上所述，由于旅游项目开发和经营实际操作十分复杂，可能受到不同领域的法律法规的约束，涉及不同种类的行政许可和前置审批程序。如果缺少上述的许可和证照，有些可能会受到行政部门的处罚，有些可能会导致项目的停工停业，有些甚至会遭受拆除、收回土地等不可挽回的结果，而无论是前述哪种情况都可能影响项目的顺利转让和退出。此外，相关的许可证照是项目依法开发和经营的证明，也是项目价值的一种体现。因此，从项目退出的角度考虑，旅游项目应从最初开始便严格遵守所有相关的法律，避免项目“输在起跑线上”。

第三节　选择适当的投资结构，避免退出障碍

在旅游项目开发伊始，项目的投资结构一般都会确定下来。在一家开发企业单独开发的情况下，通常是由该开发企业单独100%控股该项目，但也有可能出于特定的商业安排，联合若干家关联公司共同控制该项目；而在多家开发企业联合开发的情况下，通常各方会通过协议的方式确定各方在项目的投资比例，以此决定各方在项目后续开发和经营过程中的决策权、收益权等基本权利。随着国内资本市场的蓬勃发展，一些项目中可能还会引入投资基金（有限合伙）、信托安排、资产证券化结构、PPP结构等一种甚至多种特殊的参与方。诚然，投资结构的设定往往需要更多地考虑项目开发时的商业构想、融资需要等因素，但从退出的角度而言，建议开发企业也应具备长远的眼光，将未来退出这一因素也考虑在内。尽管由于现实的复杂性，不可能在项目初期便完全预判到日后退出的情况，但至少可以尽量避免使今日确定的投资结构成为明日退出时的交易障碍。

位于三亚鹿回头的某知名大型项目即属于上述情况。据媒体报道，该项目最初由三家民营企业和一家外企共同开发，后经过一系列的股权转让后归属同一实际控制人。2015年，国内某上市公司宣布拟斥巨资收购该项目，但在一个月后即宣布终止收购。根据媒体评论，由于前期的股权转让比较复杂，导致该上市公司停止对项目的收购。而后，该上市公司于2017年再次试图收购项目，但在经过数月的停盘推进后，再次以失败告终。该报道并未详细披露上述股权结构形成的具体历史背景和成因，但我们或许可以从这一案例中体会到股权结构对于项目转让的重大影响。因此，在项目开发初期和其后运

营的过程中，可能需要开发企业和经营方从退出的角度不断的审视和提前规划，以在最大程度上规避未来退出时可能会遭遇的“暗雷”。

第四节 专业的运营方或是提升项目价值的因素

对于一个旅游项目而言，需要成功的开发和建设作为基础，但更需要成功的运营使得项目实现自身的效益，并获得市场的认可。从资产的角度而言，旅游项目作为一种综合型的资产，如果能够由专业的管理公司进行运营和管理，对于其品牌树立和价值提升无疑会有积极的帮助。

作为旅游行业的一部分，酒店行业在这一方面可以为旅游项目提供参考。在如今国内的酒店行业，已经活跃着众多专业的酒店管理公司，其中既有诸如万豪、洲际等全球知名的国际品牌，也有华住、锦江等日益崛起的国内品牌，更有越来越多的不同方式的“中外混血”的合资品牌。这些品牌可以针对不同档次、定位、地域的酒店项目以不同的品牌输出管理。从过去的实践可以看到，一个酒店物业资产在经过专业酒店管理公司管理之后，其形成的市场认可度和品牌效应往往能够对资产的价值保值和增值起到锦上添花的作用。

相对于酒店管理而言，旅游项目的管理无疑更为复杂，因此更需要专业的管理公司为项目保驾护航。相较于酒店行业已在国内经历了数十年的发展，目前旅游市场整体上仍然处于早期的发展过程中，因此尚未形成专业的管理公司群体。尽管如此，管理公司可以考虑在以下方面为项目公司提供专业的服务：

首先，旅游项目管理公司可以参与旅游项目前期的设计。管理公司可以凭借其在旅游项目的经验以及品牌的定位、风格等特点，结合特定项目的具体情况，为项目规划和设计提供灵感。其次，旅游项目管理公司可以参与旅游项目的筹备工作。由于管理公司今后将作为项目的管理方，其可以提前参与到项目的筹备工作中，就项目的采购、推广、员工招聘和培训、制度制定等方面提供专业的服务。在开业之后，管理公司可以提供专业的管理服务，在项目产权方的监督下，全面负责旅游项目的日常经营工作。

由于目前国内尚没有形成广泛适用的管理模式，因此项目产权方和管理公司之间的合作模式和内容仍待进一步的探索，但相信随着国内旅游行业的不断发展，产权和经营权分离的概念可能会越来越深入人心。届时资产持有人和资产管理人的概念可能将随之应运而生，而国内或许会产生出一批知名的旅游项目管理集团。这种品牌化、专业化的管理也许也将会成为旅游项目市场逐渐成熟的助推器。

结 语

旅游，作为传播文明、交流文化的重要桥梁和媒介，是人民生活水平提高的一个重要指标。随着近年来中国经济的飞速发展，人们越来越向往和享受属于自己的旅途时光，迈出家门，饱览各地风光，融入和体验异地的风土人情。我国的旅游产业也随之不断地发展和壮大，并与其他产业和行业不断地融合，形成了大旅游产业综合发展的新局面。作为发展经济、增加就业和满足人民日益增长的美好生活需要和提高人民生活水平的重要有效手段，旅游产业已成为我国国民经济的战略性支柱型产业。

在这样一个机遇和竞争并存的行业中，缔造一个成功的旅游项目绝非易事。一个旅游项目，从前期规划、建设到投入运营，从项目融资到实现退出，每一个阶段都会面对方方面面不同的挑战和问题。这些挑战和问题既有商业层面的，例如商业模式的选择、效益的衡量等；也有法律和政策层面的，例如在土地用途、规划、建设、运营等各方面均符合法律法规和产业政策的要求等；还可能是文化层面的，例如历史文化的保护和传承、风土人情的展示和弘扬等等。

尽管每一个项目的具体问题不尽相同，但伴随着众多不同种类的旅游项目的推进和发展，市场的开拓者们已为我们总结了不少的实践经验，也揭示出许多可供业内人士借鉴的共性问题。本书从旅游项目的投资、开发、运营及退出等角度，梳理了实务操作中可能涉及的一些重要问题。我们相信，对于这些实务问题的梳理和总结，将有助于旅游行业从业者更好地把握旅游项目的机遇，并尽可能地防范风险。

旅游项目的成功固然需要天时、地利、人和，同样也需要操盘者对于各方面因素的周详考虑和不断地探索和实践。凭借着我国旅游产业大环境的持续升温、丰富旅游资源的不断挖掘，加之专业化、精英化的旅游行业专业人士队伍的成长和壮大，我国旅游产业的发展必将拥有更加光明和美好的未来。

谨以此书与旅游行业人士共勉！

管理实践

"营改增"微观效应研究

作者　陆　勇

ISBN 978-7-5637-3745-1

从企业角度研究税制改革的经济后果，主要包括财务效应研究、经济效率研究及其相互关系研究，市场反应研究、盈余管理研究和投资效率研究。

酒店管理信息系统：理论、实践与前沿　第2版

作者　吴联仁　李瑾颉

ISBN 978-7-5637-3687-4

首次全面介绍物联网、云计算和大数据在酒店管理中的应用。提供配套资源，包括复习思考题、参考答案、拓展案例、教学PPT等。

旅游电子商务企业案例分析　第2版

作者　欧海鹰　刘永胜

ISBN 978-7-5637-3696-6

梳理中国旅游电商近20年历程，分析优秀探路者发展路径。

酒店服务质量管理：理论、实践与案例

作者　李　彬　孙　怡

ISBN 978-7-5637-3521-1

阐述服务质量管理前沿理论，注重原创案例应用。

人文经典（DVD）

探秘北京建城史：鼎天鬲地　守望燕都

主创　李一凡

ISBN 978-7-88918-256-0

一部权威解说北京建城史源头的视频作品，两件国宝级青铜器物鼎鬲揭示燕都春秋。本作品获评为北京市重点电子音像专项资金支持项目。

京运长河—北京运河文化溯源与展望

主创　李一凡

ISBN 978-7-88918-259-1

经由本项目的实施，创作者对北京运河文化带承载的丰富历史、人文内涵做了梳理，在北京副中心建设、京津冀一体化的时代背景下，通过对运河北京段有高度、有情怀、有史料支持、有科学数据的论证解读，立体、全面、直观地呈现北京运河文化带建设的成就，是一部正能量且富有时代气息的作品。本作品获评2018年度北京影视出版创作基金支持项目，优秀数字出版物。